Les pipis font de la résistance

«C'est la vie aussi»
Collection dirigée par Bernadette Costa-Prades

À Pissou, qui fit pipi partout.

«Ce qui est mouillé ne craint pas la pluie.»
Proverbe grec moderne.

Dr Stéphane Clerget
Carine Mayo

Les pipis font de la résistance

Comment aider l'enfant à devenir propre ?

Albin Michel

Introduction

« Pipi ! » Le cri, strident, a retenti en pleine nuit. Vite, il faut vous lever pour accompagner votre enfant aux toilettes. Pourvu qu'il n'ait pas fait dans son lit ! Les yeux à moitié fermés, à tâtons, vous progressez jusqu'à sa chambre. Raté ! Il a encore mouillé ses draps. Cela fait plusieurs semaines que ça dure... Jusqu'à quand ? La plupart du temps, les fuites nocturnes disparaissent au fur et à mesure que l'enfant grandit, et il en va de même pour celles qui se produisent la journée. Ce n'est pas facile d'apprendre à maîtriser son corps ; d'ailleurs, avant 5 ans, les accidents occasionnels sont considérés comme naturels. Ce n'est que s'ils persistent que l'on parle d'énurésie. Autour de 5 ans, l'énurésie concerne 10 à 15 % des enfants, et à l'adolescence ce trouble cesse, sauf dans des cas très rares. Mais faut-il pour autant attendre que cela passe sans rien faire ? Non, car même si, en apparence, les enfants énurétiques semblent « normaux », sans problème particulier, ce trouble révèle des failles dans leur développement et constitue pour eux une gêne indéniable. Sans parler du lit à refaire à fond tous les matins, des montagnes de linge à laver, qui génèrent forcément du stress chez les parents et rejaillissent sur la relation avec l'enfant. Une situation qui relève dans bien des cas de causes multiples, et qui a souvent un lien avec l'apprentissage de la propreté. Car c'est fréquemment autour de cet apprentissage, fondamental dans l'éducation des petits, que se nouent des problèmes affectifs qui peuvent être à l'origine de l'énurésie. Pour l'enfant, elle apparaît toujours comme un échec : échec à contrôler son corps, à faire plaisir à ses parents. De cet échec naît une souffrance, une honte secrète, qui peut l'empêcher de se développer sereinement. C'est la raison pour laquelle il faut l'aider à combattre ces fuites urinaires, ne pas les laisser s'installer. C'est l'ambition de ce livre, qui essaie d'apporter des clés pour mieux comprendre les causes, souvent multiples et complexes, de l'énurésie, et donner des solutions concrètes. Vous trouverez de nombreux conseils pratiques à mettre en œuvre à la maison. Si cela ne suffit pas, n'hésitez pas à en parler à votre médecin ou à consulter un pédopsychiatre. Cet ouvrage vous explique ce que l'on peut attendre de la médecine aujourd'hui, et pourquoi un soutien psychologique est souvent nécessaire. Et, pour finir, il aborde un autre problème, souvent passé sous silence, mais qui existe et cause une grande souffrance à l'enfant et à sa famille : l'encoprésie, trouble qui atteint ceux qui ne peuvent s'empêcher de faire caca. Toutes ces difficultés peuvent être lourdes à supporter. Mais elles n'ont rien d'insurmontable et chacun peut, à son niveau, aider l'enfant.

Chapitre 1
La propreté, une notion ambiguë

**Les mots que l'on emploie ne sont pas toujours très justes. Ainsi, l'on parle d'apprentissage de la propreté. Les bébés qui portent des couches seraient-ils donc sales ?
Et si au lieu de se focaliser sur la propreté, on s'intéressait plutôt à la relation que l'enfant entretient avec son corps et à la façon dont il parvient à le maîtriser ?**

D'abord, une affaire d'autonomie

Bien sûr, pour un adulte, un enfant qui fait pipi et caca dans sa couche ou dans sa culotte, c'est d'abord une couche à changer et des vêtements à laver. On veut que l'enfant soit propre, d'abord pour son bien-être et sa santé, mais aussi parce qu'il est soumis au regard des autres et qu'on ne veut pas laisser penser que l'on s'occupe mal de lui. La propreté est une affaire d'hygiène, et aussi de norme sociale. Mais du point de vue de l'enfant, il en va tout autrement. Pour lui, c'est davantage une question de maîtrise de son corps. Va-t-il réussir à se retenir ? Et ensuite, va-t-il être en mesure d'aller aux toilettes quand il veut ? Tout cela se complique par le fait qu'il doit en même temps répondre à la demande des adultes, qui ont parfois des idées bien arrêtées sur le moment et le lieu où il doit « faire ». Doit-il accéder à leur demande, ou bien décider lui-même de ce qui lui convient ? Toute la tâche des adultes consiste donc à accompagner son désir d'autonomie, tout en lui enseignant les règles d'hygiène nécessaires à une vie en bonne santé et en société.

S'intéresser à son corps, c'est normal

Au début de sa vie, l'enfant prend conscience de son corps à travers les soins que lui prodiguent les personnes qui s'occupent de lui. Chaque fois qu'on le change, qu'on le baigne, qu'on le câline, il prête attention aux différentes parties de son corps qui sont l'objet de ces soins. Puis en grandissant, il découvre toutes les nouvelles possibilités que lui offrent ses muscles et ses membres. Il va apprendre à attraper les objets, à marcher... Ses mains lui sont très précieuses. D'ailleurs quand il se trouve en présence d'un objet nouveau, il commence toujours par le toucher pour mieux le connaître. Avec son corps, c'est pareil. Il a besoin de le toucher pour se l'approprier. Pour lui, c'est tout naturel. Et c'est tout naturellement aussi qu'il s'intéresse à ses selles, et qu'il sera tenté de mettre la main dans son pot pour les toucher. Il faut donc lui expliquer qu'il ne doit pas le faire, sans toutefois le rabrouer. Entre 1 et 2 ans, l'enfant entre dans la période que Freud a appelée le stade anal. Il ressent d'abord un plaisir physiologique à sentir les selles passer dans son corps, à les expulser ou à les retenir. Puis, au fur et à mesure qu'il grandit et qu'il maîtrise son corps, le plaisir vient davantage du contrôle qu'il peut exercer sur toute cette mécanique. Avec ses excréments, il découvre la notion de propriété et le pouvoir qu'il a de les garder en lui ou de les «donner» aux personnes qui lui demandent de faire dans le pot. Mais pas facile, pour lui, de renoncer à s'intéresser à cette partie de lui-même ! Il finit bien sûr par se plier aux règles des adultes et par accepter de ne pas y toucher mais la source de ce désir ne disparaît pas : elle va se diriger vers d'autres plaisirs autorisés, comme jouer avec le sable, la pâte à modeler. La créativité de l'enfant prend aussi appui sur les interdits.

Le pipi n'est pas sale !

Dans une société où les lessives lavent « plus blanc que blanc », la saleté est devenue une préoccupation importante, et très tôt le bébé va le découvrir. « Il a encore sali sa couche, il faut la changer », entend-il souvent. Ou encore « Il faut mettre son pyjama au sale ». Il suffit que l'on fronce le nez en le changeant, ou que l'on tienne la couche souillée du bout des doigts, pour qu'il saisisse le dégoût associé à cette notion de saleté. Dégoût que l'on cherche parfois à lui inculquer. « Touche pas, c'est sale ! », lui dit-on à propos de ses excréments. Une affirmation fausse, au moins en ce qui concerne l'urine, qui est stérile et ne véhicule pas de microbes. Aucun risque, donc, d'attraper des maladies si on touche son pipi. Quant au caca, certes, il n'est pas stérile, pas plus que les aliments mais attention toutefois à ne pas trop se focaliser sur son aspect repoussant. Rien de tel pour semer la confusion dans son esprit. Comment comprendre que ces substances, qui viennent du plus intime de lui-même, procurent tant de sentiments négatifs chez ses proches ? Que ses parents, qui guettent impatiemment ce qui vient dans le pot, accordent tant d'importance à quelque chose de sale, alors que d'ordinaire, ils n'aiment guère qu'il joue avec la gadoue ou qu'il se barbouille de purée, et qu'il entend souvent «Ne fais pas ça, tu vas te salir!»? Le mieux, c'est de lui expliquer que ses excréments ne sont ni bons ni mauvais. Ce sont simplement des matières dont son corps n'a plus besoin. Ainsi, on peut lui dire par exemple: «le pipi, c'est de l'eau qui nettoie le corps et qui s'en va quand le corps n'en a plus besoin» D'ailleurs, le petit enfant n'a pas trop de mal à comprendre que l'eau qu'il boit va ressortir transformée en urine. Il n'y a qu'à voir le succès des poupées qui font pipi. Quel plaisir de leur donner à boire, pour les voir ensuite se vider. À travers ce jeu, l'enfant peut ainsi vérifier quelque chose qu'il constate tous les jours sur lui-même! Il s'intéresse beaucoup aussi au sort de ses excréments dont on se débarrasse dans les toilettes. Que deviennent-ils? Vont-ils disparaître à jamais? Il suffit, pour le rassurer, de lui montrer les tuyaux d'évacuation des W.-C. et de lui expliquer que son pipi va être de nouveau transformé en eau et que son caca va rejoindre la terre et la fertiliser. Les enfants qui vivent à la campagne savent bien que l'engrais est utile pour faire pousser les légumes. Le petit citadin a besoin de l'apprendre: ce qui sort de lui peut être utile à la nature.

Les mots pour le dire

Certes, il n'est pas facile de s'empêcher d'avoir des réactions de rejet par rapport à ce qui nous semble sale. Surtout si l'on a reçu soi-même une éducation très sévère sur la propreté. Inconsciemment, nous avons tendance à calquer notre comportement sur celui de ceux qui nous ont élevés. Mais nous pouvons au moins essayer de prendre de la distance avec ce modèle dont nous sommes imprégnés, en faisant attention à notre langage. Mieux vaut éviter de dire à l'enfant qui commence à aller sur le pot des phrases comme « Attention, c'est sale ! », ou même « Bientôt, tu vas être propre », ce qui pourrait laisser entendre qu'avant il ne l'était pas. Il est préférable d'employer plutôt des expressions comme « Tu vas commander ton zizi », « Tu vas maîtriser ton corps », voire « C'est bien, tu vas devenir continent, tu feras pipi quand tu le décideras ». Cela fait un peu savant, mais justement, n'est-ce pas un moyen de lui montrer que désormais, il va faire partie des grands ?

L'essentiel

Attention aux mots ! Quand on dit à un enfant qu'il doit devenir propre, cela laisse sous-entendre qu'avant il était sale. Or l'enfant sait très bien que les adultes n'aiment pas la saleté.

En apprenant à maîtriser ses sphincters, l'enfant découvre surtout l'autonomie, plus que la propreté.

Le tout-petit a besoin de toucher son corps pour se l'approprier. De même, il a envie de toucher ses selles qui sont comme une partie de lui-même. Rien de choquant là-dedans, même si l'on doit lui expliquer qu'il doit y renoncer car ce sont des déchets.

Au lieu de lui dire que le pipi et le caca sont sales, mieux vaut lui faire comprendre que ce sont des matières dont le corps se débarrasse parce qu'il n'en a plus besoin.

Chapitre 2
Propre, le jour

Mieux vaut ne proposer le pot à l'enfant que lorsqu'il a atteint la maturité physique et psychique nécessaire pour devenir continent. En effet, un apprentissage de la propreté trop précoce et trop rigide peut favoriser l'énurésie.

Une exigence bien moindre qu'avant

Il y a quelques dizaines d'années, quand il fallait laver les couches en tissu et quand les enfants étaient plus nombreux dans chaque foyer, les mères étaient pressées de voir leurs petits faire leurs besoins dans le pot. Du coup, l'apprentissage de la propreté était plus précoce et souvent plus contraignant pour l'enfant, qu'on obligeait parfois à passer des heures assis à attendre l'émission de ses excréments. Aujourd'hui, avec les couches jetables et quasi imperméables, tout devient plus facile. Tellement facile, même, que les parents sont moins motivés pour que leur enfant devienne propre. Dans certains cas, on a même l'impression que cet apprentissage est négligé, car plus personne ne pense à l'intérêt de l'enfant. Plus personne... Sauf l'école, qui refuse d'accueillir des élèves qui ne savent pas se passer de couches ! Du coup, certains bouts de chou se retrouvent à suivre des séances d'apprentissage de la propreté en accéléré à quelques jours de la rentrée. Dommage d'en arriver là, car l'enfant a besoin de franchir cette étape vers l'autonomie en toute sérénité, sans se sentir pressé par le temps.

Désir des parents ou désir de l'enfant ?

Ainsi la période des couches a tendance à s'éterniser alors qu'autrefois on la souhaitait la plus courte possible. C'était à qui réussirait à éduquer son enfant à la propreté le plus tôt. Si bien que l'on entend parfois nos mères ou nos grands-mères déclarer avec fierté : « À 1 an, mon enfant était propre ! » Une affirmation à peine exagérée... Mais à quel prix ? Il est vrai qu'à force de rester sur le pot, l'enfant finissait par y faire ses besoins, mais à quel âge était-il vraiment capable de sentir quand il avait besoin de faire pipi ou caca et d'aller de lui-même aux toilettes ? En effet, à 1 an, un enfant n'a pas atteint la maturité physique nécessaire pour se contrôler. Quand sa vessie est pleine, l'urine sort. Son cerveau n'est pas encore capable de commander à ses sphincters, ces muscles circulaires qui, en se resserrant, empêchent la sortie de l'urine et des matières fécales. Et puis, tout cela le dépasse un peu, il aime encore se faire materner, nettoyer, et ne ressent pas vraiment le désir de devenir grand de cette manière. Ce n'est qu'au cours de sa deuxième année, à partir de 15-18 mois, qu'il est capable de commencer à se retenir d'uriner ou de déféquer lorsqu'il sent que sa vessie ou son intestin sont pleins. Mais attention, l'apprentissage de la propreté ne se fait pas en un jour. Cela demande souvent plusieurs mois.

À chacun son rythme

L'âge de la propreté est très variable d'un enfant à l'autre. De même qu'ils n'apprennent pas à marcher ni à parler au même moment, ils ne sont pas capables de maîtriser leurs sphincters tous au même âge. C'est entre 2 ans et 4 ans, environ, que la plupart des enfants deviennent continents, d'abord la journée, puis la nuit, et il ne sert à rien de les comparer les uns aux autres. Ce n'est pas parce que sa grande sœur Maeva a été propre le jour, à 20 mois, qu'il en sera de même pour le petit Kevin. Et si, à 2 ans, il semble encore très attaché à ses couches, inutile de faire le forcing pour qu'il les abandonne, ni de s'alarmer. Non, il n'est pas en retard, ni moins dégourdi que sa sœur, il est simplement différent, voilà tout. Ce qui compte, c'est de lui présenter le pot le jour où il sera prêt. Comment savoir si un bambin est prêt? D'abord en l'observant. Pour qu'il puisse apprendre à «faire» dans le pot, il faut qu'il soit capable de marcher jusqu'à ce dernier, de baisser son pantalon et de s'y asseoir tout seul. Il faut aussi qu'il soit suffisamment grand pour se sentir à l'aise une fois assis, les pieds bien posés sur le sol, dans une position stable et équilibrée. Impossible de lui demander de devenir continent s'il ne maîtrise pas bien son corps! Un tout-petit qui ne sait pas monter ou descendre tout seul sur l'échelle d'un toboggan, ni jouer accroupi ou taper dans un ballon, ne maîtrise pas bien la partie basse de son corps et n'est généralement pas capable de contrôler ses sphincters. Son désir d'autonomie est aussi à prendre en compte. S'il n'aime pas jouer seul, s'il réclame sans cesse qu'on le porte, il y a peu de chances qu'il soit prêt à abandonner les couches. En outre, il est important qu'il sache parler et qu'il puisse montrer son intérêt pour le sujet. S'il se met à prononcer souvent les mots « pipi », « caca », « pot », à signaler quand il a mouillé sa couche, c'est sans doute qu'il est mûr pour franchir cette nouvelle étape. Il le fera d'autant plus volontiers s'il est dans une période où il a envie de faire plaisir à ses parents, s'il les sent intéressés par ses progrès. S'il ne semble pas motivé, s'il est plutôt dans une période d'opposition ou un peu sensible sur le plan affectif en raison de la naissance d'une petite sœur, d'un changement de nourrice, de tensions familiales, mieux vaut attendre encore quelques mois. Après tout, rien ne presse à cet âge, et il n'y a aucun avantage pour l'enfant d'être propre à 18 mois plutôt qu'à 2 ans ou 2 ans et demi.

Adieu les couches !

S'il faut attendre que ce soit le bon moment pour l'enfant, il faut aussi que ce le soit pour les parents. En effet, cela demande de la patience et de la constance de leur part, ils doivent accompagner l'enfant et accepter de ne pas s'emporter, même s'il faut laver son linge plus souvent. Autant dire qu'il faut éviter les périodes où l'on est débordé de travail, stressé, fatigué et commencer plutôt pendant les vacances, quand on se sent plus disponible.

Avant de quitter les couches, il est bon de lui parler du pot, de choisir ensemble un modèle attrayant, confortable (avec un petit rebord devant pour un garçon, qui a tendance à projeter de l'urine hors du pot), et de lui expliquer qu'il va faire pipi et caca dedans. Pour que l'enfant prenne conscience de ce qu'on attend de lui, on peut d'abord lui demander de s'entraîner à s'asseoir dessus tout habillé. Puis on peut l'inviter à y aller quand sa couche est pleine, pour qu'il associe la présence du pot à l'émission d'urine et de selles, et, enfin, on peut verser le contenu de la couche dans le pot ou dans les toilettes pour lui montrer ce qui va se passer. Autre proposition : mimer la scène avec une poupée, un jeu qui plaît beaucoup aux petits, car ils peuvent le répéter à loisir à leur tour. La poupée est un peu le double de l'enfant. Avec elle, il peut rejouer les scènes qu'il a vécues et exprimer ses appréhensions, ses tensions. Un bon moyen pour les maîtriser et les dépasser !

C'est parti !

Pour apprendre à votre enfant à se passer définitivement de ses couches, le mieux est de le laisser aller et venir librement en culotte, pour qu'il n'ait qu'à la baisser quand il sent une envie pressante. Au début, inévitablement, il y a des ratés et l'on peut se retrouver à devoir nettoyer le parquet ou la moquette. C'est pourquoi il est préférable de commencer en été, lorsqu'il passe une bonne partie de son temps dehors, en maillot de bain. On peut aussi opter pour la couche-culotte serrée par un élastique à la taille, qu'il peut descendre et monter tout seul comme un grand et qui absorbe les fuites. Ce qui évite d'avoir à nettoyer trop souvent les culottes et le sol.

Les premiers temps, on peut lui proposer le pot assez souvent, dès qu'on voit qu'il se dandine et qu'il a envie de faire pipi. Pour le caca, il faut essayer de repérer quand il a l'habitude d'aller à la selle et l'inciter à aller sur le pot à ce moment-là, c'est-à-dire, généralement, après l'un des principaux repas. Bien sûr, pas question de le laisser seul, au début. Il faut rester avec lui, l'encourager de la voix. Si l'envie ne vient pas tout de suite, on peut lui donner un petit jouet, un livre, mais il faut éviter de l'installer devant un dessin animé. S'il est captivé par la télévision, il ne pourra plus se concentrer sur ses sensations et cela ne l'aidera pas à contrôler ses sphincters. Et puis, rien ne sert de le laisser des heures dans cette position ! Si ça vient, tant mieux, si ça ne vient pas, tant pis. Le principal, c'est qu'il soit capable de réclamer tout seul le pot. Très vite, il va se mettre à dire « caca » ou « pipi » dès qu'il sentira une envie pressante, quitte d'ailleurs à se tromper entre les deux, car il n'identifie pas bien ses sensations. Il s'agit alors de lui apporter le pot au plus vite, où qu'il soit. Pour des raisons pratiques, mieux vaut, durant ces périodes, ne pas lui mettre de salopette ou de bretelles difficiles à enlever. Car, peu à peu, il faut l'inciter à être autonome et à aller tout seul sur le pot, de préférence dans les toilettes ou dans la salle de bains, pour respecter son intimité et ne pas indisposer le reste de la famille ou les invités. Chaque fois qu'il réussit à y uriner ou à y déféquer, il ne faut pas hésiter à le féliciter et à lui montrer que l'on est content de le voir devenir grand. En effet, il est important qu'il comprenne que si on lui impose tout cela, ce n'est pas pour l'ennuyer, ni même seulement pour faire plaisir aux adultes, mais bien parce que c'est intéressant de savoir maîtriser son corps.

Inévitables, les petits accidents

Au début, les ratés sont fréquents. L'enfant ne sent pas l'envie venir, et sa vessie pleine se met tout à coup à déborder. Dans ces cas-là, il faut en profiter pour lui faire remarquer: «Tu vois, ce n'est pas agréable», ou encore: «Tu aurais pu faire dans le pot». Cela peut l'aider à identifier la sensation de vessie pleine et à l'associer à ce que l'on attend de lui. Parfois, aussi, l'enfant dit fièrement «pipi» pour demander le pot, et... il s'aperçoit en même temps qu'il est en train de faire sur lui! Plutôt que le gronder de n'avoir pas su attendre, il est préférable de le féliciter d'avoir essayé d'avertir qu'il avait besoin du pot. Pour ne pas le mettre en difficulté, on peut, au début, lui proposer de mettre une couche par sécurité, lorsqu'on va faire les courses, ou lorsqu'on va se promener. Il faut du temps pour apprendre à se retenir, et même après, une fois qu'il sait se contrôler, il n'est pas à l'abri de petits accidents. Il n'est pas rare qu'un enfant pris par son jeu se retienne, se retienne, jusqu'à ce qu'il n'en puisse plus, et fasse dans sa culotte! Jusqu'à 4 ou 5 ans, ces ratés n'ont rien d'inquiétant ni de pathologique; d'ailleurs, on ne parle d'énurésie qu'à partir de 5 ans. Aussi, il faut les prendre avec philosophie.

Des animaux qui leur ressemblent

Les petits adorent voir les animaux faire pipi et caca. Surtout les gros : vaches, chevaux, éléphants ou girafes... Sans doute parce qu'ils sont fascinés par leur puissance, leurs énormes déjections, mais aussi parce qu'ils se rendent bien compte que ces mammifères sont comme eux. Leur observation leur permet de mieux comprendre ce qui se passe en eux, de prendre du recul par rapport au fonctionnement de leur corps et de la nature. Rien n'est plus édifiant pour les tout-petits qu'un petit tour au zoo, ou, mieux encore, à la campagne. En leur montrant les bouses de vaches sur les chemins et dans les prés, on peut leur expliquer comment le caca retourne à la terre et se transforme en fumier, qui va aider les plantes à pousser. Pour eux qui se demandent souvent ce que deviennent leurs excréments et qui appréhendent parfois de les voir disparaître dans les W.-C., c'est la meilleure des réponses ! Il suffit de leur expliquer que ce qui part dans les tuyaux finit par arriver dans la nature, et ils comprendront que ce qui sort de leur corps n'est pas perdu à tout jamais, mais recyclé. D'ailleurs, certains adorent imiter les animaux en faisant pipi dans l'herbe. À cet âge, les petits apprennent beaucoup par imitation. Et il est plus facile pour eux de maîtriser leurs émissions d'urine ou de matières fécales lorsqu'ils ont l'habitude de voir des animaux faire pipi ou caca, ou bien leurs frères et sœurs aller aux toilettes ou sur le pot. De même, ceux qui sont gardés avec d'autres enfants du même âge, en nourrice ou en crèche, apprennent plus facilement à devenir continents car ils ont envie de faire comme les petits copains.

Filles et garçons : une maturité différente

N'allez pas croire le vieil adage machiste qui veut que toutes les filles soient des « pisseuses » ! L'énurésie n'est pas du tout l'apanage des filles, bien au contraire ! Deux enfants énurétiques sur trois sont des garçons. Et les petites filles sont propres un peu plus tôt que leurs copains. Peut-être parce que les mères sont plus exigeantes avec leurs filles, en matière de propreté, en général, et ont tendance à surprotéger leurs petits garçons, ce qui les rend moins autonomes ? Peut-être parce que les garçons ont plus de mal à se retenir du fait de l'hormone mâle, la testostérone, qui les porte plus à l'action, à l'extériorisation ? Mais on peut aussi penser que les garçons ont davantage besoin

de s'opposer à leur mère pour construire leur identité de garçon, et, comme la propreté est le plus souvent l'affaire de la mère, cela pourrait expliquer qu'ils deviennent continents plus tard. Toutefois ce ne sont que des hypothèses sur un sujet qui est loin d'être clos...
Certes, les filles ont souvent des envies pressantes et ne s'en cachent pas. Pour elles, faire pipi n'est pas seulement la satisfaction d'un besoin naturel, mais presque un acte social. Elles y vont volontiers en groupe, demandant à leurs copines de leur «tenir la porte» et profitant de leur passage aux toilettes pour bavarder. Les garçons, eux, sont plus discrets. Sauf quand ils s'amusent avec leurs copains à faire pipi le plus haut ou le plus loin possible! Une démonstration de virilité qui révèle combien la façon de faire pipi est liée à l'affirmation de l'identité sexuelle. Ainsi, les petits garçons commencent à faire pipi assis comme les filles, puis, en grandissant, ils se mettent à faire pipi debout comme les hommes. À l'inverse, on voit parfois certaines fillettes chercher à imiter les garçons en urinant elles aussi debout, surtout l'été, quand elles sont dans la nature. La proximité de l'appareil urinaire et des organes génitaux fait que la fonction urinaire et la sexualité sont très associées l'une à l'autre dans l'imaginaire, et encore plus chez les garçons du fait que leur pénis véhicule à la fois l'urine et

le sperme. D'ailleurs, on emploie parfois le terme «pipi» pour désigner les organes génitaux. Ne dit-on pas, par exemple, «jouer à touche-pipi»? Et si l'énurésie n'était pour l'enfant qu'une façon d'exprimer ses angoisses, ses interrogations par rapport à la sexualité?

Parents, nounou, grand-mère, même discours!

Il est important que tous les adultes qui s'occupent de l'enfant (parents, nourrice, grand-mère...) se mettent d'accord sur le moment et la façon d'aborder l'apprentissage de la continence. En effet, si la nourrice ou la grand-mère l'obligent à rester longtemps sur le pot et le grondent lorsqu'il ne réussit pas à faire dedans, alors que ses parents continuent à le laisser faire dans sa couche (ou à l'inverse, si ses parents sont plus rigides que la nourrice ou la grand-mère), il risque de ne plus rien y comprendre du tout. Pourquoi ce qui fait plaisir à l'une ne le fait pas à l'autre, pourquoi l'une se fâche et l'autre pas? Et lui, que doit-il en déduire? Qu'est-ce qui est bien, qu'est-ce qui ne l'est pas? Comment doit-il se comporter? Il est important qu'il y ait une cohérence éducative autour d'un tel sujet, qui touche au plus intime de lui-même, sinon il risque d'être perturbé et d'avoir du mal à apprendre à contrôler ses sphincters. Bien sûr, il peut y avoir des différences en matière d'éducation d'une personne à l'autre, mais l'essentiel est que ces visions divergentes n'entraînent pas de rivalité entre les adultes, surtout au sein de la famille. Il ne faut pas que l'apprentissage de la propreté se transforme en enjeu d'importance, ni que la mère et la grand-mère se sentent jugées l'une par l'autre à travers l'échec ou la réussite de l'enfant à faire dans le pot. Après tout, c'est son corps, son histoire à lui, plus que celle de sa mère ou de sa grand-mère ! Aussi, chacune doit faire preuve de souplesse, et essayer de ne viser qu'une chose : son bien-être. Plus il sentira les adultes autour de lui en harmonie, plus il sera à l'aise. Tout ce qui peut le conforter dans son apprentissage doit être favorisé. À la limite, s'il est très attaché à son pot et s'il a besoin de l'apporter chez sa grand-mère parce que ça le rassure, pourquoi pas ?

Déjouer les conflits

Si vraiment il refuse d'aller sur le pot, s'il ne tient pas en place quand il est dessus, inutile de le gronder. Peut-être n'est-il pas prêt pour cet apprentissage. Sans doute ne voit-il pas l'intérêt de faire dans le pot. C'est normal, puisqu'il vit depuis sa naissance avec des couches. Elles sont presque comme une partie de lui-même. S'il se dessinait, peut-être même se représenterait-il ainsi vêtu ! On comprend qu'il n'ait pas envie d'y renoncer. D'autant que c'est aussi dire adieu à ces moments de complicité qui l'unissent à son papa et à sa maman pendant qu'ils le changent. Et puis, s'il est le seul de la famille à utiliser un pot, s'il ne fréquente pas d'autres enfants qui en utilisent aussi, cela ne l'aide pas à saisir ce qu'on attend de lui. Certains pots sont si attrayants qu'ils ressemblent à des jouets, il peut donc être intéressant d'en choisir de plus neutres... Aussi, tant qu'il n'est pas motivé, mieux vaut abandonner cet apprentissage et le reprendre deux ou trois mois plus tard. En effet, s'il devient un objet de conflit, il peut entraîner à terme une énurésie d'opposition. Plus vous insisterez et plus votre enfant se bloquera. Surtout s'il est dans la fameuse période du non, fréquente autour de 2 ans. Il ne veut pas faire dans le pot, il réclame sa couche ? Eh bien tant pis, retenez vos reproches, même si d'autres mères vous disent qu'il devrait y arriver, même si son frère était propre au même âge. Après tout, son corps lui appartient et il y a d'autres moyens de lui donner envie de le maîtriser : l'encourager à s'habiller et à manger seul, à faire du tricycle, du toboggan... Les jeux d'eau aussi sont très utiles, car rien de tel que de remplir des petits pots, de les vider, de jouer avec des tuyaux, de faire des barrages, pour comprendre comment l'urine circule dans le corps et vouloir la contrôler ! Mais, si malgré tout cela votre enfant continue à refuser le pot, peut-être aussi pouvez-vous lui proposer d'utiliser directement les toilettes, comme les grands. Aujourd'hui, il existe des réducteurs de siège qui rendent les toilettes plus accessibles aux petits. On peut encore installer une marche au pied de la cuvette pour qu'il puisse s'y jucher tout seul. Pourquoi ne pas essayer ? Le principal est de rester souple pour que l'apprentissage de la propreté s'effectue dans la sérénité.

L'essentiel

- **Avant 15 ou 18 mois, un petit n'est pas capable de maîtriser ses sphincters, et toute tentative d'apprentissage de la propreté relève plus du conditionnement que d'un réel désir de grandir.**

- **Pour donner à l'enfant l'envie d'essayer le pot, mieux vaut le laisser la journée sans couche.**

▒ Cet apprentissage aura plus de sens pour lui si on lui explique que l'on est content de le voir devenir grand, et s'il n'est pas l'enjeu d'une rivalité entre sa mère, sa grand-mère ou sa nourrice.

▒ Les petits accidents ont du bon, car ils permettent à l'enfant de prendre conscience de ses sensations.

▒ Un apprentissage forcé peut conduire à un blocage et entraîner une énurésie d'opposition.

Chapitre 3
Propre la nuit

Une fois que l'enfant a acquis la propreté la journée, on peut envisager de lui enlever sa couche la nuit. Mais il faut vérifier, avant de lui en parler, s'il est suffisamment mûr et motivé pour se lancer dans cette expérience.

Prêt ou pas prêt?

Pour qu'un enfant puisse réussir à se contrôler la nuit, il faut qu'il n'ait plus de petits accidents la journée. Inutile de lui demander de se passer de couche pendant son sommeil s'il a du mal à se contrôler le jour, car il est encore plus difficile de maîtriser ses sphincters lorsqu'on est profondément endormi et plongé dans des rêves. Une telle aptitude demande une certaine maturation du cerveau et du système nerveux. Il faut que le cerveau enregistre le signal lui indiquant que la vessie est pleine, puis qu'il commande aux sphincters de se resserrer pour empêcher l'urine de s'échapper, et, si l'envie est vraiment pressante, qu'il ordonne à l'organisme de se réveiller. Une suite d'opérations d'autant plus complexes que, la nuit, le seuil de vigilance s'abaisse et que la conscience cède le pas à l'inconscient. L'enfant doit à la fois faire face à ses rêves et à ses cauchemars, tout en gardant le contrôle de lui-même. Un sacré challenge !

Souvent, ce sont les petits eux-mêmes qui indiquent qu'ils sont prêts à franchir ce cap. Certains se réveillent fréquemment le matin avec la couche sèche, ce qui prouve bien qu'ils n'en ont plus besoin, tandis que d'autres, plus rares, décident un soir qu'ils ne veulent plus de couche pour dormir. Il faut être à leur écoute, se laisser guider par eux et leur faire confiance. C'est sans doute qu'ils sont capables de contrôler leur vessie. Souvent, cette acquisition de la continence se produit autour de 3 ans, plusieurs semaines, voire plusieurs mois, après que l'enfant est devenu propre le jour. On peut d'ailleurs saisir l'occasion de son anniversaire pour marquer le coup et lui proposer de retirer sa couche la nuit. Mais bien sûr, il n'y a pas d'âge idéal. Tout dépend des enfants. Selon les cas, la naissance d'un petit frère ou l'entrée à l'école maternelle peuvent retarder ou au contraire accélérer leur désir d'autonomie. À vous de voir si votre bambin est plutôt dans une phase où il veut tout faire tout seul, ou si au contraire, il réclame souvent les bras, des câlins, et a envie de rester votre bébé. Car, dans ce cas, ce n'est sûrement pas le moment d'instaurer un tel changement et de le priver de ses couches.

Les petits trucs pour que ça marche

➾ Parlez-lui-en avant

Mieux vaut associer l'enfant à la décision de supprimer la couche la nuit, car, s'il n'en voit pas l'intérêt, il y a peu de chances pour que cela marche. Expliquez-lui, deux ou trois semaines avant, que maintenant il est grand et que vous le jugez bientôt capable de se retenir de faire pipi la nuit. Si vous voyez que cette perspective l'intéresse, et qu'il a très envie de montrer qu'il est grand, alors c'est le moment de tenter l'expérience. Pour qu'elle réussisse, il faut qu'il se comporte en partenaire actif. C'est lui qui doit décider d'essayer de se retenir, et c'est parce que vous avez confiance en ses capacités que vous lui faites cette proposition. En lui expliquant cela, vous lui montrez combien vous êtes content de le voir devenir grand.

⇾ Facilitez l'accès au pot

S'il se réveille en pleine nuit avec une forte envie d'uriner, il faut qu'il puisse le faire sans problème. Aussi, commencez par lui mettre un pyjama facile à baisser, et s'il dort dans un lit à barreaux, mettez le matelas en position basse et descendez la barrière, afin qu'il puisse aller et venir librement. Pensez à placer le pot au pied de son lit et prévoyez une lumière accessible ou une veilleuse pour qu'il puisse se lever sans crainte. Car, parfois, c'est la peur de sortir du lit qui paralyse les enfants et les conduit à faire pipi sur eux. Au cas où cela se produirait, prévoyez des draps faciles à laver et à changer et une bonne alèse. Ainsi, vous ne vivrez pas dans la hantise des fuites nocturnes.

⇾ Réveillez-le dans la nuit

S'il a tendance à se réveiller un peu entre deux cycles de sommeil, profitez-en pour lui faire faire pipi. Sinon, réveillez-le doucement avant d'aller vous coucher et portez-le à moitié endormi sur le pot ou sur les toilettes. Cela l'aidera à tenir jusqu'au matin. Attention aussi à ne pas lui donner trop à boire le soir. À son âge, sa vessie est encore petite, et il ne faut pas trop la remplir si l'on veut qu'il puisse tenir plusieurs heures sans uriner. Fini le grand biberon juste avant de dormir! On peut le remplacer par un autre rituel – lui lire une histoire, lui chanter une berceuse – ou diminuer la quantité de lait, si l'on ne veut pas tout changer d'un coup. Pas question de l'assoiffer! On peut très bien laisser un verre d'eau sur sa table de chevet. Souvent les enfants font pipi au lit la nuit parce qu'ils rêvent qu'ils boivent. S'il sait qu'il peut se réveiller pour boire, peut-être n'aura-t-il plus de fuite urinaire pendant son sommeil!

⇒ Évitez les vexations

Il n'a pas réussi à se retenir et a inondé ses draps? Inutile de le gronder ni de prendre l'air fâché, même si cela se produit plusieurs nuits de suite. Certains enfants sont très désireux de bien faire et peuvent mal vivre l'échec, surtout si les reproches sont faits devant les frères et sœurs ou même devant la nourrice. Après tout, il s'agit d'une affaire intime et il n'est pas nécessaire de la porter sur la place publique. Votre petit a surtout besoin de sollicitude et de compréhension. Même si ce n'est pas toujours facile d'être compréhensif quand on découvre que l'on doit refaire entièrement le lit de l'enfant le matin et que l'on est pressé d'aller travailler, cela vaut cependant la peine de ne pas s'emporter. Et si vous demandiez un coup de main au papa? Et si vous vous organisiez autrement le matin? Il y a sûrement des solutions pour rendre la tâche moins lourde et accepter plus sereinement ces accidents nocturnes. Le principal, c'est que votre enfant ne se sente pas écrasé par le poids de la culpabilité. Pas la peine, à son âge, de lui demander de vous aider à porter ses draps dans le panier de linge. On ne peut pas exiger de lui qu'il se prenne en charge comme un grand de 7 ou 8 ans. Au contraire, il ne faut pas trop insister sur l'événement et se contenter de lui dire : « C'est dommage, mais tant pis, tu y arriveras la prochaine fois. »

Remettre des couches ?

Si l'on arrive à être patient, c'est mieux, car, tant que l'enfant conservera une couche, il ne sera pas motivé pour apprendre à se retenir de faire pipi la nuit. Les changes d'aujourd'hui sont confortables et il peut très bien ne pas se sentir gêné d'être mouillé ! Et puis, si l'on s'empresse de lui remettre une protection, c'est une manière de lui signifier qu'on ne supporte pas qu'il fasse pipi au lit. Dommage, car il a sûrement besoin de temps pour apprendre à repérer dans son sommeil lorsque sa vessie est pleine et à se réveiller au bon moment. Accepter de voir un enfant grandir, c'est aussi le laisser faire des essais, rater et recommencer. Évidemment, si les échecs sont trop nombreux, mieux vaut essayer de voir à quelle heure se produisent les accidents, à quelle fréquence. Parfois, il suffit de repérer le moment de la fuite et de le réveiller un peu avant afin qu'il fasse dans le pot, pour résoudre le problème. Mais, à l'inverse, il est aussi important d'être à son écoute et d'observer ses réactions pour mesurer s'il a vraiment envie de quitter ses couches et si on ne lui en demande pas trop. S'il semble vraiment dépassé par la situation, s'il dit «Je n'y arrive pas, c'est trop dur», sans doute n'est-il pas encore mûr pour franchir cette étape. Dans ce cas, il est préférable de lui proposer de remettre des couches, tout en lui indiquant que ce n'est pas grave, et que l'on recommencera l'expérience un peu plus tard, quand il sera prêt. L'important, c'est de rester souple et de s'adapter au comportement de l'enfant.

Caca boudin !

Une fois l'acquisition de la propreté en place, viendra le jour où votre garnement, la mine réjouie, vous lancera un retentissant «Caca boudin !» avant d'éclater de rire. Si cette expression a tant de succès dans les cours d'écoles maternelles, c'est parce qu'elle correspond à une étape importante dans le développement des enfants. Quand ils se mettent à jouer avec ces mots-là, c'est qu'ils ont acquis la propreté et qu'ils commencent à maîtriser le langage. Maintenant qu'ils ont plaisir à contrôler leur corps, ils peuvent s'offrir le plaisir de régresser en évoquant cette période où leurs cacas avaient tant d'importance pour eux et pour leurs parents. Des mots comme «zizi», «pipi», «fesses» déclenchent aussi leur hilarité. En déplaçant sur le terrain du langage l'intérêt qu'ils portent à cette zone de leur corps, ils ont tout à fait conscience de jouer avec les interdits, car ils voient bien que ces sujets sont tabous et que l'on ne parle pas du zizi ou des fesses comme on parle des oreilles ou du nez. Mais c'est de là, justement, que vient leur jubilation : le plaisir d'exercer un pouvoir sur les mots et aussi sur les copains ou les parents en les faisant rire ! À condition de savoir s'arrêter à temps, avant que Papa ou Maman ne se fâchent pour de bon. Mais c'est aussi très agréable de montrer qu'on est capable de se retenir de dire des gros mots et que l'on maîtrise très bien ses paroles comme on a su autrefois maîtriser ses sphincters.

L'essentiel

- Inutile de proposer à l'enfant de dormir sans couche s'il ne maîtrise pas bien ses sphincters la journée.

- Ce n'est pas facile de se retenir de faire pipi pendant son sommeil. Pour y arriver, l'enfant doit avoir acquis une certaine maturité physiologique et être animé d'une profonde volonté de grandir.

- Mieux vaut ne pas faire de reproches au petit qui fait pipi au lit et lui laisser du temps pour parvenir à acquérir la propreté nocturne. Et tant pis pour les accidents!

- Autant éviter de lui remettre des couches s'il ne réussit pas à devenir continent, à moins qu'il ne se décourage ou qu'il ne se montre encore très bébé.

- Après avoir réussi à contrôler son corps, l'enfant prend plaisir à jouer avec les mots évoquant les zones génitales ou les excréments, comme en témoigne le succès de l'expression «caca boudin».

Chapitre 4

Et s'il n'est pas prêt pour l'école ?

À quelques semaines de l'entrée en maternelle, certains enfants ne semblent toujours pas prêts à quitter leurs couches. Et pourtant, l'école attend d'eux qu'ils se comportent en grands. Tout l'art des parents consiste donc à montrer à leur bambin qu'ils ont envie de le voir devenir autonome, sans focaliser toute leur attention sur le pot et… sans stresser !

Une étape décisive

Tant que l'enfant est en âge d'aller à la crèche ou chez une nourrice, on tolère assez bien qu'il ne maîtrise pas l'usage du pot. On se dit qu'il a bien le temps de grandir. Mais dès que se profile l'entrée en maternelle, tout s'accélère. En effet, les enseignants ont l'habitude de refuser les enfants qui ne sont pas propres. Du coup, il devient urgent qu'il apprenne à se passer de sa couche. L'apprentissage de la propreté n'est plus seulement soumis à l'exigence de ses parents, mais à une exigence sociale, extérieure. Pour lui, cela peut-être source de confusion, et doublement contraignant, car il peut avoir l'impression qu'il faut qu'il devienne propre pour faire plaisir à ses parents et à l'école, sans bien voir le bénéfice qu'il peut en tirer. Pour ses parents, c'est un peu angoissant, car ils ont l'impression de se trouver face à une course contre la montre et presque à un examen de passage. Il ne faudrait pas que leur enfant « rate » son entrée à l'école ! C'est pourquoi il ne faut pas attendre l'entrée en maternelle pour tenter d'apprendre la propreté à son enfant. Plus on anticipe, moins on se sent pressé par le temps.

Tout dépend de son âge

Il vient d'avoir 2 ans et ne manifeste aucun intérêt pour le pot ? Sans doute n'est-il pas assez mûr pour cet apprentissage. Dans ce cas, mieux vaut aussi retarder l'entrée à l'école, car il ne sera pas non plus assez autonome pour se sentir bien au sein d'une classe d'une trentaine de petits. S'il a 3 ans, c'est le bon moment pour entrer à l'école et devenir autonome. En l'incitant à contrôler son corps et à maîtriser ses sphincters, vous l'aiderez à franchir ce cap. Et s'il n'est pas tout à fait prêt le jour de la rentrée, tant pis. Rien ne sert de différer sa découverte de l'école. Au contraire, s'il sent que vous hésitez à l'y mettre, cela risque de renforcer son malaise. Il pourrait croire que vous avez peur de le voir grandir. Plus il vous sentira contents de le voir à l'école et confiants dans ses capacités à devenir grand, plus vite il sera autonome. Mais attention, s'il vient d'avoir un petit frère ou une petite sœur, il risque de n'avoir aucune envie de devenir propre pour rester lui aussi votre bébé. Il est donc indispensable de lui avoir appris l'usage du pot avant, car il ne faut pas lui en demander trop à la fois. Il doit déjà faire face à deux événements majeurs dans son existence: la naissance d'un plus jeune et son entrée à l'école. C'est déjà beaucoup pour un bambin de 3 ans!

Ne lui mettez pas trop la pression

Même si la date fatidique approche à grands pas, essayez de lui cacher votre stress. Inutile de lui dire

« Si tu ne sais pas faire dans le pot, l'école ne voudra pas de toi ». Cela pourrait provoquer l'effet inverse de celui que vous recherchez, surtout s'il appréhende la rentrée. D'ailleurs, il vaut mieux ne pas trop mettre l'accent sur l'école. C'est d'abord pour lui que l'enfant doit être propre, parce que c'est agréable d'être maître de son corps, et non parce que l'école l'exige. Favorisez tout ce qui peut l'encourager à devenir grand : manger, s'habiller et se déshabiller seul, monter sur le toboggan, faire du tricycle... Cela contribuera à lui donner envie de devenir autonome et ce sera beaucoup plus efficace que des reproches. De votre côté, laissez-le sans couche la journée et pensez à lui proposer le pot assez souvent, sans que toutefois cela devienne une obsession ! Et chaque fois qu'il réussit à y faire pipi et caca, félicitez-le chaudement.

Négociez avec la maîtresse

S'il continue à faire dans sa culotte au moment de la rentrée des classes, prévenez la maîtresse que vous avez prévu des vêtements de rechange (de préférence dans un sac marqué à son nom) « au cas où il y aurait un accident ». Les problèmes de ce genre sont fréquents dans les classes de petits, et les enseignants apprécient que les parents se montrent coopératifs en cherchant à les anticiper. Souvent, d'ailleurs, ces incidents de parcours disparaissent vite, car, à cet âge, les enfants ont tendance à s'identifier à leurs petits copains et à s'imiter les uns les autres. Rien de tel que d'aller faire pipi tous ensemble dans les toilettes collectives pour convaincre les plus hésitants à s'y mettre aussi ! Hormis quelques enfants, qui devraient pouvoir bénéficier de toilettes individuelles, la plupart des enfants de 3 ans ne sont pas pudiques et ne souffrent pas de devoir uriner devant les autres. Et comme à l'école les passages aux toilettes sont fréquents, cela limite d'autant plus les risques de fuites dans la journée ! Toutefois, si des accidents se reproduisent chaque jour et si la maîtresse commence à faire grise mine, essayez de trouver une solution avec elle. Remettre des couches à votre enfant ou le renvoyer à la maison ? Il est préférable d'éviter, ce serait le singulariser par rapport aux autres et lui signifier qu'il a échoué dans sa tentative de grandir. Raccourcir la journée de classe ? C'est peut-être une bonne idée, car, pour un petit, le temps passé à l'école peut paraître très long, surtout s'il reste aussi à la cantine et à la garderie. N'oubliez pas que la maîtresse doit s'occuper dans la plupart des cas d'une trentaine d'enfants et que la vie en groupe impose beaucoup de contraintes, de bruit, de règles à respecter. Il pourra peut-être mieux les supporter si ses journées sont allégées. Et il lui semblera alors moins difficile de grandir. Si vous le pouvez, pourquoi ne pas le retirer de la cantine, ou de la garderie, ou ne le mettre à l'école que le matin, pendant un certain temps ? Si malgré tout cela les petits accidents persistent, alors n'hésitez pas à aller consulter un pédiatre ou un pédopsychiatre. Cela permet bien souvent de débloquer la situation en quelques séances.

L'essentiel

- **En dessous de 3 ans, mieux vaut ne pas forcer un enfant à être propre pour aller à l'école, quitte à retarder de quelques mois son entrée en maternelle.**

- **À partir de 3 ans, l'enfant est tout à fait capable de contrôler sa vessie, et même s'il a encore des accidents à la rentrée, le problème se règle généralement dans les mois qui suivent.**

Pour donner à l'enfant l'envie de devenir propre, il faut d'abord lui donner envie de grandir.

Si les petits problèmes persistent, on peut raccourcir les journées d'école pour diminuer son stress, ou, si ça ne marche pas, aller consulter un pédopsychiatre.

Chapitre 5
Quand l'énurésie s'installe

Vers l'âge de 5 ans, on estime que l'enfant doit savoir contrôler ses sphincters. S'il n'y arrive pas, on parle alors d'énurésie. Celle-ci peut être primaire, s'il n'a jamais réussi à se contrôler, ou secondaire, si les accidents surviennent après une période de continence. Quant à ses origines, elles sont multiples car l'énurésie est surtout un moyen pour l'enfant d'exprimer que quelque chose ne va pas, et la palette des difficultés qu'il peut rencontrer est vaste.

Un problème médical ?

Même si elles sont rares, les causes d'origine médicale peuvent exister, aussi faut-il commencer par en parler au médecin qui suit l'enfant. Il sera à même de lui prescrire des examens médicaux, s'il le juge nécessaire, notamment si l'enfant a du mal à contrôler ses émissions d'urine la nuit mais aussi la journée. Différents problèmes peuvent être recherchés.

➾ Un trouble lié à un retard psychomoteur

Un retard dans l'apprentissage de la marche et du langage peut entraîner une énurésie. Un enfant qui a du mal à contrôler son corps et ses mouvements n'est pas davantage capable de maîtriser ses sphincters. De plus, tant qu'il n'a pas atteint 4 ou 5 ans d'âge mental, il manifeste rarement le désir d'être autonome pour faire pipi où il veut quand il veut.

➾ Des affections de l'appareil urinaire

Si l'enfant a des difficultés à uriner, s'il a mal quand il fait pipi et si ses mictions sont fréquentes de jour comme de nuit, il peut s'agir d'un problème aux reins ou à la vessie : une infection, une malformation, une tumeur bénigne, ou plus rarement des calculs. En cas de doute, le médecin commandera une échographie et une cystographie, un examen qui consiste à injecter un produit opaque dans la vessie pour la rendre visible sur une radiographie.

⇒ L'épilepsie nocturne, difficile à déceler

Parfois, l'enfant peut avoir des crises d'épilepsie nocturne, sans que ni lui ni ses parents ne s'en aperçoivent et même s'il n'en a jamais eu le jour. Ces crises de convulsions ne laissent pas de traces hormis des draps mouillés au réveil ! La seule façon pour le médecin de savoir si l'énurésie est due à une épilepsie est de prescrire un électroencéphalogramme.

⇒ Des problèmes physiologiques

La plupart du temps, l'énurésie touche des enfants apparemment « normaux », qui semblent n'avoir aucun problème, tant sur le plan de la santé que sur le plan psychique. Aussi a-t-on cherché s'il n'y avait pas de petites défaillances cachées du corps, à l'origine de ce trouble. L'immaturité vésicale est la raison médicale la plus fréquemment évoquée. Elle repose sur l'idée que le petit énurétique a une vessie immature, semblable à celle d'un bébé, toujours prompte à se vider sous la pression de l'urine, ce qui expliquerait ses envies soudaines de faire pipi et son incapacité à se retenir, source de petits « accidents » le jour et la nuit. Autre raison souvent mentionnée : la vessie de certains enfants serait trop petite et ils sécréteraient trop d'urine pendant la nuit à cause d'un dérèglement hormonal.

C'est possible. Toutefois, cela ne peut suffire à expliquer une énurésie nocturne. En effet, même si sa vessie se remplit vite, l'enfant a toujours la possibilité de se réveiller pour faire pipi la nuit. Qu'il ait des accidents les jours où il est trop fatigué pour réussir à se réveiller, soit. Mais plusieurs fois par semaine, non !

Ces hypothèses concernent les enfants qui ont une énurésie primaire, ceux qui n'ont jamais réussi à se maîtriser. On y associe généralement des raisons d'ordre psychologique, certaines pouvant d'ailleurs se combiner entre elles. Des causes psychologiques sont également évoquées pour ceux qui souffrent d'énurésie secondaire, survenue après un événement déclencheur : deuil, déménagement…

Des petits accidents mal tolérés

Attention à ne pas donner trop d'importance aux difficultés d'apprentissage de la propreté ! C'est le meilleur moyen pour transformer en énurésie ce qui n'était au départ que de simples accidents de parcours naturels pour un bambin qui ne maîtrise pas son corps. S'il reçoit trop de reproches quand il mouille le carrelage ou son lit, ou, à l'inverse, des félicitations excessives chaque fois qu'il fait pipi ou caca dans son pot, il va se rendre compte que ses parents ont une forte attente en matière de propreté. Le risque, c'est alors qu'il se culpabilise lorsqu'il ne réussit pas à répondre aux espoirs de ses parents. Pour un petit, c'est dur de les décevoir, de ne pas correspondre à l'image d'enfant idéal qu'ils ont conçue ! Surtout si, en plus, on a un frère ou une sœur particulièrement brillant à côté duquel on se sent insignifiant, médiocre... Cela peut engendrer une perte de confiance en soi qui va renforcer son sentiment d'impuissance face aux accidents nocturnes, et générer au final de l'énurésie.

Le sommeil, souvent incriminé

Chez la plupart des enfants, l'énurésie est nocturne, sans doute parce qu'il leur est plus difficile de se contrôler pendant leur sommeil, alors que leur conscience se met en veille et que leur inconscient peut enfin s'exprimer. On croit souvent qu'ils font pipi au lit parce qu'ils dorment trop profondément pour se réveiller. C'est une idée fausse. Les études montrent en effet que l'énurésie n'intervient pas pendant les phases de sommeil profond, mais pendant les phases de sommeil paradoxal, celles des rêves. Peut-être est-elle déclenchée par des rêves de piscine, de fontaine... Ou alors par la peur des cauchemars ? En effet, chez certains enfants, l'arrivée de la nuit est génératrice d'angoisse. Ils ont peur du noir, du silence, d'être seuls dans leur lit. On peut se demander si, en se mettant à uriner, ils n'adoptent pas au fond un comportement très primitif, un peu comme s'ils cherchaient à se rassurer en marquant leur territoire et en imprégnant les draps de leur propre odeur. L'énurésie serait alors pour eux une manière d'apprivoiser la nuit.

La peur de grandir

Quand un enfant se met à faire pipi au lit alors qu'avant il savait maîtriser ses sphincters, il suffit de chercher l'événement qui a déclenché son énurésie pour trouver comment l'aider. Mais, quand il s'agit d'un enfant qui a toujours fait pipi au lit, les raisons de ce comportement sont plus difficiles à identifier. Souvent, c'est le désir de rester bébé qui l'emporte. L'enfant n'arrive pas à se détacher de sa mère et redoute tout ce qui est nouveau. Toute incitation à l'autonomie lui semble insupportable et source de contraintes : manger et s'habiller seul, aller à l'école, ranger sa chambre... Il finit par les accepter le jour, mais, la nuit, inconsciemment, il ne peut s'empêcher de manifester son refus. Parfois, aussi, c'est la peur de mourir qui bloque l'enfant. Il s'imagine que s'il grandit, il mourra, donc il fait tout pour rester bébé. Dans d'autres cas, c'est la peur de faire du tort à quelqu'un d'autre qui peut l'empêcher de grandir. Si, par exemple, son père est gravement malade, il peut avoir peur de son envie de grandir, comme s'il se sentait coupable d'avoir envie de prendre la place de son père et comme si ce désir pouvait être responsable de la maladie de ce dernier. Ce même sentiment existe aussi parfois chez des enfants qui ne sont pas confrontés à de tels problèmes. Pour eux, grandir, c'est acquérir du pouvoir sur eux-mêmes et sur les autres, et ils sont tiraillés entre ce désir de pouvoir et la peur qu'il leur inspire. C'est pourquoi ils cherchent à stopper leur croissance en se comportant comme des petits. Cette difficulté à se projeter dans l'avenir peut être renforcée lorsqu'un bambin sent qu'il est l'objet de désirs contradictoires de la part de ses parents : si, par exemple, sa mère tient à ce qu'il reste son bébé, tandis que son père est pressé de le voir grandir (mais l'inverse est aussi possible !). Rien de tel pour le plonger dans un abîme d'incertitudes : Que penser de tout cela ? À qui faire plaisir ?

Et comment peut-il discerner, dans ces conditions, ce qu'il désire, lui ? De quoi susciter en lui un conflit intérieur dont il essaie de se débarrasser en faisant pipi la nuit.

Un phénomène lié à la sexualité

Pour certains enfants, tout ce qui touche à la sexualité est entouré d'un grand mystère. Ainsi, les garçons, surtout, se posent des questions sur les différentes fonctions de leur zizi, ce drôle d'organe qui sert à la fois à faire pipi, à faire des bébés, et qui procure des sensations agréables. Tout cela est parfois un peu mélangé dans leur tête et ils ne font pas bien la distinction entre le fait d'uriner et d'avoir des relations sexuelles, ce qui peut se traduire par des rêves à connotation érotique : l'enfant rêve qu'il est pompier, qu'il éteint le feu avec sa lance à incendie et se met tout à coup à uriner dans son pyjama ! Pour un petit, il peut y avoir un plaisir sensuel à sentir l'urine s'écouler sur soi comme à se faire nettoyer par ses parents. Mais cela ne suffit sans doute pas à déclencher une énurésie, liée le plus souvent à ses désirs inconscients. Un enfant à qui l'on a répété « Touche pas à ton zizi, c'est sale » peut croire que ce sont ses pensées, ses fantasmes, qui sont interdits, et tenter de les interrompre en faisant pipi au lit. En s'interdisant de rêver, ces enfants cherchent à juguler le trouble que pourraient provoquer en eux certaines de leurs pensées. En effet, à partir de 4 ans, les petits garçons et les petites demoiselles sont en pleine période œdipienne. Ils essaient de se situer par rapport à la relation intime qui unit leurs parents, et tentent d'organiser ce qu'ils éprouvent envers eux : une palette de sentiments complexes où se mêlent l'amour, la rivalité, la jalousie… Ils ressentent parfois un désir amoureux si fort pour leurs parents qu'ils en sont tout bouleversés. Faire pipi au lit peut être alors une manière pour eux de se protéger de leur désir inconscient. En agissant ainsi, ils continuent à se comporter comme des bébés, à se montrer sous un jour peu agréable, comme s'ils cherchaient à se rassurer en se prouvant qu'ils sont des partenaires impossibles pour leurs parents. C'est ce que les psychanalystes, à la suite de Françoise Dolto, appellent une énurésie « prudentielle ». Elle peut exister aussi bien chez la petite fille que chez le petit garçon, mais c'est chez ce dernier qu'elle est la plus fréquente. En effet, cette énurésie est une façon pour lui de maintenir son zizi à l'état de bébé, comme s'il voulait être sûr qu'il ne puisse pas servir à autre chose qu'à faire pipi. Par là même, il signifie clairement qu'il ne veut pas se mettre en compétition avec son père, un peu comme s'il faisait acte d'allégeance envers lui. Ce signe de soumission est aussi le reflet d'une angoisse de castration, de sa crainte d'être amputé de son pénis par son père, au cas où il transgresserait l'interdit de l'inceste. Cette angoisse va disparaître au fur et à mesure que le garçon va grandir et s'identifier à son père. Il en va de même pour cette forme d'énurésie. Elle ne peut disparaître que si l'on réussit à répondre à toutes les questions que se posent les enfants sur la sexualité, que si on les rassure sur leur identité de garçon ou de fille, en leur disant qu'on est fille ou garçon pour la vie.

Un moyen de s'opposer

Il suffit que l'apprentissage du pot ait été mené de façon trop rigide ou à un mauvais moment pour que l'enfant se soit figé dans une attitude d'opposition. Il n'était pas vraiment d'accord pour dire adieu à ses couches et faire dans le pot, et il a perçu le désir de ses parents comme très contraignant et contraire à son propre désir d'autonomie. Du coup, il a eu du mal à maîtriser ses sphincters, et s'il y est finalement arrivé la journée, il n'en va pas de même pour la nuit. Son énurésie nocturne est un moyen, pour lui, de dire que son corps lui appartient et qu'il en fait ce qu'il veut. Mais il ne faut pas lui en vouloir, car cette volonté d'autonomie est totalement inconsciente, et pas vraiment dirigée « contre » ses parents. Ce n'est pas une provocation de sa part, mais plutôt un message qu'il cherche à leur adresser, et il peut être par ailleurs très docile et affectueux pour peu qu'on ne lui tienne pas rigueur de ses fuites nocturnes. Mais, bien sûr, comme ce trouble est lié à son histoire familiale, il peut s'estomper lorsqu'il sort de la maison et va chez sa grand-mère ou en colo... Ce que les parents prennent parfois mal. Difficile d'admettre que cela se passe mieux avec quelqu'un d'autre ! Pourtant, cela peut aussi être l'occasion pour les parents de décompresser, de se rendre compte que leur enfant, qui leur semblait encore tout petit, ne l'est plus tant que ça !

Un besoin de se lâcher

Certains enfants sont sages comme des images, très polis, travailleurs... Parfaits ? Presque trop. Ils se contrôlent tellement le jour que, la nuit, ils se lâchent et se réveillent avec les draps mouillés. Ils sont comme des Cocotte-Minute, sans cesse sous pression, à force de se retenir d'avoir des idées négatives. Il y a peut-être pour eux un certain plaisir sensuel à faire pipi au lit, la nuit, à s'accorder un relâchement et des sensations qu'ils ne s'autorisent pas la journée. À moins, au contraire, que l'énurésie ne soit pour eux qu'une ultime tentative de garder jusqu'au bout le contrôle d'eux-mêmes en s'interdisant certains rêves. Sans doute iraient-ils mieux s'ils étaient moins stricts avec eux-mêmes…

Un besoin de régression

Il arrive parfois qu'un enfant se remette à faire pipi au lit à cause d'un événement qui a bouleversé sa vie : un deuil, un divorce, la naissance d'un petit frère, un déménagement, une maladie… C'est ce qu'on appelle une énurésie secondaire. Souvent, il se met en même temps à réclamer plus de câlins, à parler ou à manger moins bien, et ne veut plus lâcher son doudou. Face à une nouvelle situation angoissante, il a besoin de revenir en arrière, à un moment de sa vie où il se sentait mieux, quand il était le bébé choyé. Ses parents accordent toute leur attention au nouveau-né ? Puisque cela leur plaît tant de passer leurs journées à lui changer sa couche et à le bichonner, lui aussi va se conduire comme le petit frère, et peut-être se montreront-ils plus attentifs envers lui. Depuis la séparation de ses parents, sa maman lui semble préoccupée, un peu lointaine ? En se comportant de nouveau comme un bébé, peut-être retrouvera-t-il le lien très fort qui l'unissait à elle au début de sa vie ? Cette période de régression est souvent transitoire, et, la plupart du temps, l'énurésie disparaît quand on a réussi à le rassurer sur l'amour qu'on lui porte et une fois qu'il s'est adapté à sa nouvelle vie. Une évolution qui s'accomplit parfois de manière naturelle au sein de la famille, mais qui d'autres fois nécessite l'aide d'un psychothérapeute.

Un problème relationnel

En cas d'énurésie secondaire, il ne faut pas négliger l'hypothèse de difficultés d'ordre relationnel. L'enfant peut avoir des soucis à l'école, être l'objet de moqueries de la part de ses camarades ou de persécutions de la part d'un plus grand. Pas facile pour un bout de chou de se faire sa place dans un groupe, en classe, d'apprendre à respecter de nouvelles règles, à rester assis quand la maîtresse le demande, à attendre son tour pour parler, pour utiliser certains jouets. Il peut mal vivre certains reproches que lui adresse l'enseignante – surtout s'il n'a pas l'habitude de se faire disputer par ses parents –, ou mal supporter le bruit, la collectivité, le stress à la cantine. D'autres difficultés relationnelles peuvent exister avec la baby-sitter, le fils des voisins qui vient jouer à la maison, sa belle-mère ou son beau-père, et il faut être attentif à tout ce qui peut traduire un malaise de sa part.

Le signe d'un mal-être

L'énurésie peut aussi être l'un des symptômes les plus visibles d'une dépression de l'enfant, suite à la perte d'un être aimé ou d'un animal, à des carences affectives ou encore à la dépression d'un de ses parents. Le problème, c'est que cette dépression est souvent bien cachée et difficile à repérer, d'autant qu'elle peut prendre différentes formes. Le plus souvent, elle prend l'aspect d'un repli sur soi : l'enfant montre moins d'intérêt pour les activités qu'on lui propose à l'école. Son visage devient inexpressif, son regard absent, il a du mal à se concentrer. Parfois, à l'inverse, il est hyperactif, un peu casse-pieds, toujours à vouloir qu'on s'occupe de lui. Chez un petit, la dépression se manifeste essentiellement par des signes physiques : des pleurs fréquents, des difficultés alimentaires, un retard de croissance, de l'eczéma... Chez un plus grand, elle s'exprime davantage par la parole. Vers 5 ans, le petit garçon ou la fillette peut se plaindre de maux de ventre ou de tête, ou avoir l'impression qu'on se moque de lui, qu'il rate souvent ce qu'on lui demande. « J'y arrive pas », « Je sais pas », dit-il souvent. Des sensations que l'on retrouve aussi chez l'enfant de 7-8 ans, mais exprimées différemment : « C'est nul », « Personne ne m'aime »... Cette tendance à se dévaloriser est renforcée par l'énurésie qui conforte l'enfant dans la mauvaise image qu'il a de lui-même. Elle montre une réelle souffrance qui ne pourra disparaître que lorsque les causes de ce mal-être auront été déterminées, ce qui est souvent complexe et nécessite l'aide d'un pédopsychiatre.

Et si c'était héréditaire ?

Des études montrent que trois garçons énurétiques sur quatre et une fille énurétique sur deux ont au moins un de leurs parents qui a connu ce problème dans son enfance, et l'on estime que 77 % des enfants risquent d'être énurétiques si leurs deux parents l'ont été. Il y a donc une hérédité manifeste, même si l'on n'a pas encore découvert de «gène» de l'énurésie. Mais ce dont l'enfant hérite de ses parents, c'est plutôt leur façon de réagir au stress. Face aux difficultés de la vie, il exprime son mal-être en devenant énurétique comme son père ou sa mère, alors que dans d'autres familles l'on développera plutôt de l'urticaire ou des maux de ventre. Dans certains cas, il s'identifie tellement à son parent que c'est comme s'il devenait, par ce moyen, le porte-parole de ses souffrances passées, comme s'il voulait, de manière inconsciente, l'aider à trouver des réponses à des questions non résolues: la jalousie envers un frère ou une sœur, une carence affective, une enfance maltraitée... Même s'il y a des similitudes de comportement, il ne faut pas en déduire qu'il est en tout point semblable à son papa ou à sa maman. D'abord, chacun a une histoire différente et l'enfant ne vit peut-être pas son énurésie de la même manière que son père ou sa mère vivaient la leur. Attention à ne pas lui seriner toute la journée «Toi, tu es bien comme ton père», ou «De toute façon, c'est normal, tu es comme moi!». Le comparer sans cesse à ses parents, c'est risquer de ne plus le voir lui, tel qu'il est. Enfin, il ne faudrait pas que celui de ses deux parents qui n'a pas fait pipi au lit se sente exclu et se désintéresse de la situation.

Les petits accidents des grands

Jusqu'à l'âge de la puberté, il arrive que des enfants fassent pipi au lit de façon sporadique. Ces événements n'ont rien d'inquiétant. La plupart du temps, le garçon ou la fillette exprime de cette manière une angoisse passagère face à un événement. Pour la première fois, il part en classe de neige loin de sa famille ? Pas facile d'envisager cette séparation. Elle doit passer un examen de danse important pour elle ? Quelle angoisse de ne pas être à la hauteur ! Souvent, l'énurésie survient au cours d'un rêve qui agite l'enfant en proie à un conflit intérieur, comme, par exemple, lorsque son envie de partir avec les copains vient se heurter au désir de ne pas quitter ses parents. Chez le préadolescent, cette fuite urinaire peut être aussi l'expression de préoccupations d'ordre sexuel, un prélude à l'éjaculation nocturne. Des manifestations bien naturelles, en somme, qui demandent plutôt de la sollicitude de la part des parents, un questionnement affectueux (« Mon grand, tu as eu des soucis cette nuit ? »), plutôt que des reproches du genre : « À ton âge, quand même, cela ne devrait plus arriver ! » À cela s'ajoutent parfois des incontinences urinaires, la journée, qui sont liées aux remaniements physiques, psychiques et hormonaux des préados, garçons ou filles. Confrontés à une nouvelle image de leur corps et à une nouvelle étape de leur vie, ils ont besoin de se sécuriser en revenant en arrière, à un état proche de la petite enfance. Ces pipis non contrôlés sont aussi, pour eux, une façon d'éteindre des désirs sexuels naissants qui les plongent dans le trouble. Rien de grave à cela. En général, quelques séances de psychothérapie permettent de régler la question. Autre cas de pipis intempestifs : l'enfant qui, à force de se retenir, finit par faire sur lui lorsqu'il est empêché de se rendre aux toilettes à l'école, soit parce qu'on ne le laisse pas y aller librement, soit parce que l'état des lieux est repoussant. Si l'événement se reproduit plusieurs fois, il faut l'habituer à vider sa vessie à des heures régulières : avant d'aller à l'école et aussi à midi, en lui offrant la possibilité de rentrer à la maison ou de déjeuner chez une nourrice ou une voisine. Il ne faut pas hésiter, non plus, à intervenir auprès de l'établissement scolaire et à consulter un psychologue ou un pédopsychiatre avant que le problème ne prenne trop d'importance.

L'essentiel

- Les enfants qui font pipi au lit ne le font pas exprès. Soit ils ont un petit problème d'origine médicale, mais c'est rare, soit le plus souvent, ils ont des « accidents » liés à des raisons dictées par leur inconscient.

- L'énurésie est souvent causée par la peur de grandir et le désir de rester bébé, mais elle peut aussi être le reflet des difficultés d'adaptation de l'enfant à un événement qui a changé sa vie.

- Le questionnement de l'enfant sur la sexualité peut aussi être à l'origine de l'énurésie.

- Même si l'hérédité existe, elle ne semble pas liée à un gène, mais plutôt à des facteurs psychologiques qui font que l'enfant réagit comme ses parents.

Chapitre 6

Quels traitements ?

Que l'enfant ait des petits accidents jusqu'à 4 ou 5 ans, c'est normal. Mais si ces accidents sont fréquents de jour comme de nuit, mieux vaut ne pas trop attendre avant d'aller consulter un médecin, un pédopsychiatre ou un psychologue, car plus l'énurésie est ancienne, plus elle est difficile à traiter.

Une situation difficile à vivre

Les enfants énurétiques vivent souvent très mal cette situation, surtout quand ils grandissent. Ils ont peur des moqueries, ils ont honte d'eux-mêmes. Honte de se réveiller le matin, trempés de la tête aux pieds, honte de leurs draps qui sèchent à la vue de tous, honte de croiser le regard réprobateur de leurs proches et de causer du souci et du travail à leurs parents. Difficile de se faire réprimander par Papa et Maman alors qu'on aimerait tant leur faire plaisir. Difficile aussi d'aller dormir chez un copain, de partir en classe de découverte ou en colo, et de devoir avouer l'inavouable, faire éclater au grand jour ce que l'on aimerait garder caché. C'est pourquoi il ne sert à rien de les gronder ou de leur faire la morale. On l'a vu, ces accidents nocturnes sont indépendants de leur volonté. En revanche, ces enfants sont souvent très désireux de voir cesser leur énurésie et de trouver des solutions. Aussi, il ne faut pas hésiter à chercher avec eux des moyens de régler le problème. Tout cela vaut bien mieux que de leur remettre des couches. En effet, rien de tel que de les traiter comme des bébés, pour renforcer leur honte et les empêcher de se comporter comme des grands.

L'enfant, partenaire des soins

Aucune thérapie ne peut fonctionner si l'enfant n'est pas partie prenante de son traitement. Pas question de l'emmener chez un spécialiste sans lui en parler avant, même s'il est petit, sinon, il pourrait croire que ses parents cherchent seulement à se débarrasser du problème. Au contraire, il a besoin de sentir qu'ils sont à l'écoute de ses difficultés et le soutiennent parce qu'ils ont confiance dans ses capacités à devenir grand. Il ne faut pas hésiter à lui dire : « Ce n'est pas ta faute si tu fais pipi au lit, mais on va se battre ensemble, et tu vas réussir à contrôler ton corps. » On peut alors lui proposer d'aller voir un « docteur » qui va l'aider à comprendre pourquoi il fait pipi au lit et à résoudre le problème. S'il semble intéressé par l'idée, vous pouvez en parler à votre médecin généraliste ou à votre pédiatre.

Le médecin, premier interlocuteur

Le médecin qui suit l'enfant est généralement de bon conseil, surtout s'il le connaît depuis longtemps, ainsi que sa famille. Si l'enfant est jeune et si son énurésie n'est pas trop installée, il peut discuter avec lui et avec ses parents, et proposer quelques solutions. Par exemple, il peut expliquer à l'enfant le fonctionnement de son corps. Il va lui préciser ce qu'est l'urine, comment elle est stockée dans le réservoir que constitue la vessie et comment le sphincter, ce muscle en forme d'anneau, se détend pour laisser le pipi s'écouler et se resserre pour l'empêcher de sortir. Au besoin, il peut lui proposer des exercices pour apprendre à contracter et à relâcher son sphincter quand il fait pipi, ce qui va l'aider à prendre conscience de l'action qu'il peut avoir sur son corps. Parfois, il associe à ces conseils une prescription de médicaments pour favoriser l'arrêt de l'énurésie. Son rôle consiste, aussi, à déterminer s'il n'y a pas de cause organique à l'origine de son énurésie. En cas de doute, il peut prescrire des examens médicaux complémentaires, voire orienter la famille vers un urologue (spécialiste de l'appareil urinaire). Mais, le plus souvent, il adresse la famille à un pédopsychiatre ou à un psychologue pour enfants, car un soutien psychologique est nécessaire pour faire évoluer la situation.

Essentielle, l'aide psychologique

Plus qu'un simple problème de mécanique, l'énurésie est souvent le symptôme d'un problème d'ordre psychologique. Aussi, lorsque les efforts entrepris à la maison ne suffisent pas à le résoudre, il ne faut pas hésiter à faire appel à une aide extérieure. Certains parents, surtout s'ils ont été eux-mêmes énurétiques, ont parfois tendance à se dire qu'il ne sert à rien d'agir et que ces pipis au lit vont bien finir par cesser. Pourtant, se réfugier derrière la fatalité n'est pas une solution. En effet, l'énurésie est souvent le signal de quelque chose qui ne va pas, un message adressé par l'enfant à sa famille. Et c'est ce message qu'il faut essayer de décrypter, si l'on veut que l'enfant puisse se développer sans trop de souci. Pour cela, on peut s'adresser à un psychologue pour enfants ou à un pédopsychiatre, sachant que ce dernier est un médecin et qu'il peut aussi prescrire des médicaments en complément de la psychothérapie qu'il entreprendra.

Les médicaments, une bonne solution ?

L'inconvénient des médicaments, c'est qu'ils n'agissent pas sur la cause de l'énurésie. Autrement dit, même s'ils peuvent diminuer la fréquence des pipis au lit, voire les supprimer, ils ne savent pas régler les questions qui sont à l'origine du mal-être de l'enfant. Si on n'y apporte pas de réponse, ce problème risque de continuer à le perturber longtemps. En outre, il n'existe pas de médicaments miracles efficaces à 100 %. Souvent, dès que l'enfant arrête de les prendre, son énurésie reparaît. Mais ils peuvent au moins l'aider à passer quelques nuits au sec. Bien utile, quand Papa et Maman n'en peuvent plus de se lever et de changer les draps en pleine nuit, ou quand on doit partir en classe de neige ! Même s'ils ne guérissent pas totalement l'enfant, ils lui offrent l'occasion de retrouver un peu de confiance en lui. D'ailleurs, on peut les utiliser en complément d'une psychothérapie, pour de meilleurs résultats, à condition de ne les donner qu'à des petits de plus de 6 ans. Ces traitements appartiennent à trois catégories et ont des applications différentes.

⇛ Pour les énurésies diurnes, les anticholinergiques

Ces médicaments, tel l'Oxybutynine, sont surtout indiqués pour les enfants, qui, pris par une envie soudaine de faire pipi, n'arrivent pas à se retenir et font dans leur culotte, et pour ceux qui ont des petites fuites, par exemple quand ils rient. Ils se présentent sous forme de comprimés et agissent sur les sphincters et la vessie, en diminuant notamment les contractions de la vessie responsables des émissions d'urine. Ces traitements, comme tous les médicaments, doivent être pris sous contrôle médical car ils peuvent avoir des effets secondaires, en particulier si les doses ne sont pas bien respectées: sécheresse de la bouche, difficultés à uriner, petits troubles de la vision...

⇛ Pour les énurésies nocturnes classiques, la desmopressine

Parmi les traitements médicamenteux, la desmopressine est sans doute la plus performante. Ce traitement existe en comprimés, ou, plus pratique avec des jeunes enfants, sous forme de spray nasal que l'on pulvérise le soir avant le coucher. C'est une molécule qui a un effet antidiurétique : l'eau des urines est directement réabsorbée au niveau du rein, diminuant les risques de débordement au niveau de la vessie. Les effets secondaires sont rares : maux de tête, nausées, maux de ventre, congestion du nez ou rougeur... L'enfant devra éviter de boire le soir pour ne pas avoir trop d'eau dans le corps. Le traitement se donne en général de un à trois mois, pas avant l'âge de 5 ans. Associé à une prise en charge psychothérapeutique, il peut montrer à l'enfant que ce symptôme peut disparaître... Son intérêt est qu'il peut aussi être administré de façon épisodique, lors d'un séjour chez des amis, en colonie de vacances ou encore en classe verte. Une façon d'apaiser son inquiétude au moment du départ. Une façon encore de ne pas le marginaliser dans sa vie sociale – l'enfant énurétique refusant parfois de dormir en dehors de chez lui parce qu'il a peur des moqueries !

➾ Pour les énurésies nocturnes rebelles, les antidépresseurs tricycliques

Ces antidépresseurs agissent sur l'énurésie comme les anticholinergiques cités plus haut et peuvent agir sur l'énurésie en diminuant l'anxiété. Ce type de traitement est donné sous forme de comprimés. Mais même s'il peut réduire la fréquence des accidents nocturnes, il doit être administré à faible dose, car il peut entraîner des somnolences, des états confusionnels, des tremblements, de la tachycardie, et une prise de poids. De plus, même si un tel médicament peut calmer momentanément l'anxiété de l'enfant, il ne s'attaque pas directement à la cause de son problème et n'aide pas à le résoudre en profondeur. L'énurésie peut diminuer et l'anxiété resurgir un peu plus tard sous une autre forme. Mieux vaut donc avoir recours à ce type de médicament avec prudence, et toujours, dans le cadre d'une psychothérapie.

D'autres traitements possibles

L'homéopathie

Entre les inconditionnels et les détracteurs de l'homéopathie, la bataille fait rage et il ne nous appartient pas ici de trancher sur l'efficacité des traitements homéopathiques. Il est vrai cependant que les homéopathes sont à l'écoute de leurs patients pour adapter chaque traitement à chaque cas particulier, et que cette démarche d'écoute est de toute façon très utile face à l'énurésie. Suivant la personnalité de l'enfant, la manière dont il dort et dont surviennent ses accidents nocturnes, différents remèdes sont proposés: *Causticum, Argentum nitricum, Chloralum, Kreosotum, Sepia, Belladonna*...

⇨ L'acupuncture

Parmi les applications de cette médecine chinoise – peu reconnue par la faculté de médecine française – on trouve le traitement de l'énurésie. Une autre aide possible pour l'enfant... À condition qu'il n'ait pas peur des aiguilles et des piqûres!

⇨ Les cures thermales

L'un des intérêts de ces séjours, c'est que le petit énurétique se retrouve avec d'autres enfants qui ont le même problème que lui, ce qui peut l'aider à dédramatiser la situation qu'il vit. Et puis, en s'éloignant quelque temps de la maison, il devient forcément plus autonome et peut prendre de la distance par rapport à ce qui a pu déclencher son énurésie: un deuil, un changement dans son existence... Pendant ces séjours, qui durent trois semaines ou plus, il boit de l'eau de la station thermale, prend des bains et fait de la gymnastique pour maîtriser son corps. À cela est associée une rééducation de la vessie: il apprend à uriner à intervalles réguliers, à interrompre, puis à reprendre sa miction, à sentir quand sa vessie est pleine... Des exercices qui l'aident à se prendre en charge et à déculpabiliser.

L'essentiel

- **On peut proposer un suivi à l'enfant dès l'âge de 4 ans, surtout s'il fait pipi au lit toutes les nuits. Plus on attend, plus les problèmes seront ancrés profondément et plus ils seront difficiles à identifier et à résoudre.**

- **Un traitement médicamenteux ne suffit généralement pas à guérir une énurésie, mais il peut apporter un confort passager à l'enfant et lui permettre de reprendre confiance en lui.**

- **L'aide d'un pédopsychiatre ou d'un psychologue est nécessaire, car l'énurésie est très souvent la manifestation extérieure d'un problème qui peut gêner l'enfant dans son développement.**

- **Il existe des petits exercices pour apprendre à contrôler sa vessie et prendre conscience de son corps.**

Chapitre 7
Des solutions pour l'aider

Avec le pédopsychiatre ou le psychologue, l'enfant et ses parents vont explorer différentes pistes pour venir à bout de l'énurésie. Souvent le problème peut se résoudre en quelques séances, surtout si la famille joue le jeu et met en œuvre à la maison les conseils pratiques proposés par ce spécialiste.

Un rôle d'écoute

À travers des entretiens avec l'enfant et avec ses parents, parfois en tête-à-tête, d'autres fois ensemble, le thérapeute va chercher l'origine de l'énurésie : comment elle s'est mise en place, à quel moment, dans quelles circonstances... Il va essayer de cerner la personnalité de l'enfant, son caractère, ses centres d'intérêt, et tenter de comprendre s'il est plutôt anxieux ou s'il a tendance à s'opposer aux adultes, quelles sont les relations qui l'unissent à ses parents, ses frères et sœurs, son environnement familial et scolaire. Il va faire le point avec lui sur ce qu'il sait du fonctionnement de son corps, de la sexualité. Il va se pencher sur ses antécédents familiaux, essayer de savoir si ses parents ont été énurétiques ou non, et, surtout, comment ils vivent le problème de leur enfant et qui s'occupe à la maison de gérer les pipis au lit.

Des moyens d'aide variés

Les pédopsychiatres et les psychologues s'appuient beaucoup sur les jeux et les dessins de l'enfant, car ce sont ses moyens d'expression privilégiés. De même, ils peuvent aussi lui demander de raconter ses rêves. En effet, leur but est de permettre à l'enfant d'exprimer toutes ses préoccupations, afin d'y apporter des réponses. Il arrive parfois qu'un bambin devienne énurétique à la naissance de son petit frère et se montre inquiet de ressentir de l'agressivité vis-à-vis de ce dernier. Si cette agressivité transparaît dans ses jeux, ces spécialistes vont essayer de le rassurer en l'encourageant à l'exprimer autrement, notamment par la parole. Les mots ne sont pas dangereux et on peut très bien dire que l'on n'aime pas son petit frère ou que l'on voudrait qu'il ne soit plus là, cela ne lui fera aucun mal ! Encourager l'enfant à mettre des mots sur ce qu'il ressent, c'est lui donner des clés pour comprendre ce qui lui arrive. Mais cela ne marche pas toujours, et, parfois, les thérapeutes ont recours à d'autres méthodes, comme la relaxation. Une technique que les fillettes et les petits garçons apprécient souvent, car elle les place dans un état de rêve éveillé qu'ils connaissent bien, assez proche de celui dans lequel ils sont juste avant de s'endormir ou quand leur esprit se met à vagabonder. Ainsi, on demande à l'enfant de se concentrer sur sa respiration ou de penser à certaines images, par exemple à une rivière qui coule. Puis, on peut lui proposer de placer des écluses et des barrages, et lui dire qu'il sera le gardien du barrage. Une façon métaphorique de lui signifier que c'est bien lui le maître de son corps et qu'il a le pouvoir d'arrêter le flot d'urine qui s'en écoule. Autre moyen de faire : inventer un conte en rapport avec ce qu'il vit. Supposons qu'il soit en rivalité avec son petit frère, on peut inventer l'histoire de deux frères qui se battent pour un même royaume et essayer de le faire participer comme dans un jeu de rôle, soit en le faisant imaginer la fin de l'histoire, soit, s'il n'a pas d'idée, en lui demandant de choisir entre plusieurs solutions. Et si les frères décidaient de partager le royaume en deux? Et s'ils partaient ensemble à la recherche d'un nouveau territoire à conquérir? En faisant ainsi, on s'attaque directement à la cause de son énurésie et l'on cherche à suggérer à l'enfant des moyens de régler le problème qui est à l'origine de ce symptôme. En général, ce travail de fond n'est pas le seul. Il s'accompagne également de nombreux conseils pratiques destinés aux parents et à l'enfant, car il est important qu'ils aient un rôle actif dans le traitement de l'énurésie si l'on veut que celui-ci soit efficace.

Ce que peuvent faire les parents

➾ Essayer ces «trucs» et techniques

Pour éliminer les fuites dans la journée, il faut faire uriner l'enfant à heures régulières: avant et après les repas, avant de sortir, de dormir... En créant des rituels, on l'incite à ne pas oublier de faire pipi et à mieux contrôler sa vessie. Quant à l'énurésie nocturne, elle peut être réduite, si l'on applique ce conseil de bon sens: donner moins d'eau à boire à l'enfant le soir. Mais pas question pour autant de le rationner et de lui seriner toutes les cinq minutes : « Pas plus de deux verres ! » En lui donnant à boire plutôt le matin, à midi et surtout au goûter, il n'aura pas trop soif au dîner. Que penser de l'utilisation du « Pipi-Stop », cette sorte d'alèse reliée à une alarme qui sonne dès qu'elle est mouillée ? Ce dispositif est basé sur l'idée que l'enfant fait pipi toutes les nuits à la même heure, et qu'à force d'être réveillé par l'alarme, il va finir par ouvrir les yeux de lui-même avant le moment fatidique, de crainte de déclencher la sonnerie. En pratique, l'alarme a plutôt tendance à réveiller toute la maison et ce moyen n'est pas toujours efficace. Sans compter qu'il peut entraîner des perturbations dans le sommeil de l'enfant et fixer le problème au lieu de le faire disparaître. Comment un tel conditionnement pourrait-il l'aider à devenir autonome et à maîtriser son corps ?

⇾ Prendre de la distance

Bien sûr, quand on est fatigué de devoir se lever la nuit pour changer les draps et quand on en a assez de refaire le lit à fond tous les matins, on n'est pas franchement d'humeur à plaisanter. Pourtant, cela vaut la peine d'essayer de rester zen, car plus on s'énerve dans ce genre de situation, plus on risque d'amplifier le problème. Dans un premier temps, on peut se simplifier la vie en plaçant le lit de façon accessible afin que les draps ne soient pas trop difficiles à changer, et en mettant une serviette-éponge sur le drap de dessous. Qui sait, avec un peu de chance, seule la serviette sera mouillée ! Si malgré cela au réveil de l'enfant les draps sont trempés, essayez d'éviter les reproches et les punitions, même s'il semble n'avoir aucun regret d'avoir fait pipi au lit, même s'il vous regarde avec un air de défi. D'une part, cela ne veut pas dire forcément qu'il ne ressent rien au fond de lui-même, et, d'autre part, il ne sert à rien de répondre à de l'agressivité par de l'agressivité. Cela augmentera les tensions au sein de la famille sans résoudre le problème. De même, si son frère ou sa sœur se moque de lui, ne le laissez pas faire. Les humiliations ne sont jamais bonnes pour le moral.

⇒ Discuter avec l'enfant

D'abord, il faut parler avec lui pour essayer de comprendre ce qui se passe. Pourquoi ne se lève-t-il pas pour faire pipi la nuit ? Parce qu'il n'arrive pas à se réveiller à temps ? Parce qu'il n'ose pas se lever ? Que pense-t-il de ce qui lui arrive ? Il ne faut pas hésiter à lui faire raconter ses rêves, ses cauchemars. À force de l'écouter et de l'observer, on peut formuler des hypothèses, tout en ne perdant pas de vue que l'énurésie est souvent l'arbre qui cache la forêt, le symptôme de quelque chose qui dépasse largement le problème de contrôle des sphincters. Peut-être, par exemple, fait-il pipi au lit parce qu'il a du mal à grandir ou bien parce qu'il est jaloux de l'intérêt que l'on porte à sa petite sœur... Si tel est le cas, il ne faut pas seulement se focaliser sur la question de son énurésie, mais essayer de voir comment on peut l'aider à devenir plus autonome et le rassurer sur la place qu'il occupe dans la famille.

⇾ Lui donner envie de grandir

Il a du mal à se décoller de ses parents? Pourquoi ne pas inviter des petits copains à la maison pour qu'il découvre d'autres centres d'intérêt? Il adore se faire materner? D'accord pour les bisous et les câlins, mais il faut en parallèle l'inciter à se laver et à s'habiller seul, car l'autonomie passe d'abord par la maîtrise de son corps. Quant à la jalousie qu'il porte à la petite sœur, elle s'estompera peut-être si son statut d'aîné lui permet d'avoir des cadeaux et des droits qui le distinguent d'elle, et si son papa fait quelques activités seul à seul avec lui: une sortie au cinéma, un tour en vélo... En effet, il ne faut pas qu'il associe l'idée de grandir à des contraintes qui l'éloignent de ses parents. Si devenir grand, c'est seulement avoir plus de tâches à accomplir et moins de câlins, ce n'est vraiment pas drôle ! La complicité, la tendresse qu'il échangeait avec sa maman pendant qu'elle le changeait et le nettoyait quand il était petit doivent continuer d'exister, même si maintenant il doit se débrouiller seul. Mais, forcément, elle va se transformer. Peut-être découvrira-t-il qu'il est agréable de lire un livre, blottis l'un contre l'autre, le soir avant de dormir, ou de jouer ensemble à de nouveaux jeux. Certes, grandir, c'est renoncer à un certain bien-être propre aux bébés, mais c'est aussi une belle aventure !

⇒ Modifier son environnement

Parfois, il suffit de modifier les conditions de sommeil de l'enfant pour l'aider à ne plus faire pipi au lit, surtout quand il est petit. Il a peur dans le noir ? Pourquoi ne pas lui offrir de partager sa chambre avec son frère ou sa sœur, plutôt que lui attribuer une chambre pour lui tout seul à l'autre bout de la maison ? On peut aussi laisser une veilleuse allumée ou ne pas fermer les volets mais juste les rideaux, pour ne pas plonger la pièce dans l'obscurité totale. De même, la présence d'un pot à côté de son lit peut le rassurer, plutôt que d'avoir à traverser un couloir tout noir. L'important, c'est de discuter avec lui pour identifier et éliminer toutes ses sources d'inquiétude : les ombres inquiétantes qui dansent sur les murs, les bruits bizarres... On doit lui montrer qu'on prend sa peur en compte, plutôt que de la minimiser ou de la nier et de dire « Mais non, tu te trompes, tu n'as aucune raison de t'inquiéter ». Pour l'aider à entrer paisiblement dans le sommeil, il faut commencer par bannir le soir tout ce qui peut l'exciter : des boissons comme le Coca ou le thé, la télévision ou les jeux vidéo. À l'inverse, toutes les habitudes qui peuvent faciliter l'endormissement sont à favoriser : l'écoute d'une histoire ou de chansons douces, la présence d'un doudou à côté de lui, et, bien sûr... un dernier petit pipi avant de se coucher ! En créant un rituel qui se répète chaque jour, on aide le tout-petit à se sentir en sécurité. Moins il affrontera la nuit avec angoisse, moins il risquera de faire pipi au lit.

⇒ Lui redonner confiance en lui

À force de se réveiller avec les draps mouillés, un enfant risque de se sentir en échec et de perdre toute assurance. On peut alors éviter les critiques à son égard dans tous les domaines et, au contraire, valoriser ses réussites. Il a eu une bonne note à l'école ? Il faut l'en féliciter. Il s'occupe tout seul de son cochon d'Inde ? C'est bien la preuve qu'on peut lui faire confiance. De même, ses nouvelles performances sont à souligner. Il faut qu'il sente que ses parents sont fiers de lui s'il réussit à faire du vélo sans petites roues, à surmonter sa peur du gros chien ou à sauter du plongeoir.

⇾ Lui parler de la sexualité

Souvent, les petits énurétiques n'ont pas reçu d'éducation sexuelle. Pourtant, c'est essentiel pour lever les confusions qui règnent dans leur esprit, car ce qui est évident pour nous, adultes, ne l'est pas forcément pour un enfant de 5 ou 6 ans. Il a besoin qu'on lui explique la différence entre fille et garçon, qu'on lui réaffirme la permanence des sexes en lui disant que l'on reste fille ou garçon pour la vie. Il faut aussi lui raconter comment on fait les bébés, et bien préciser, si c'est un garçon, que les graines à bébés n'empruntent pas le même chemin que le pipi, pour clarifier les différences entre la sexualité et la fonction urinaire. Il est important de ne pas taire ces informations, car l'enfant voit bien que les organes sexuels ne sont pas traités comme les autres parties du corps, d'abord parce qu'ils sont cachés, ensuite parce que les adultes y accordent beaucoup d'importance. De même, il faut lui parler des règles qui régissent la sexualité. Il doit savoir qu'on ne peut faire l'amour qu'avec un être humain qui a atteint la majorité sexuelle (15 ans), qui est consentant et qui n'est pas de sa famille, et aussi qu'un adulte n'a pas le droit de faire l'amour avec un enfant, sinon, il va en prison. Il ne faut pas non plus hésiter à insister sur l'interdit de l'inceste, car l'enfant qui fait pipi au lit est souvent très attaché à ses parents. Si l'on ne peut pas se marier avec sa maman, ce n'est pas parce qu'elle est déjà mariée ou trop vieille, sinon, il suffirait qu'elle divorce ou que le petit garçon grandisse pour que cela soit possible ! Non, c'est simplement parce que c'est sa maman. S'il l'épousait, l'enfant deviendrait fou. Et c'est pareil en ce qui concerne son papa. On passe beaucoup de temps à apprendre à manger avec un couteau et une fourchette, à se laver, et souvent on omet de dire les choses essentielles, alors que cela intéresse beaucoup l'enfant. Or moins on en dit, pire c'est, car ce qu'il imagine peut le perturber beaucoup plus que ces paroles-là. Ce n'est pas parce qu'on ne parle pas de sexualité dans une famille que les préoccupations sexuelles ne sont pas présentes. Au contraire ! Toutefois, si l'on n'arrive pas à en parler avec ses enfants, ce qui est légitime, on peut s'appuyer sur un livre d'éducation sexuelle, ou demander à quelqu'un d'autre de le faire : un membre de la famille, un ami, un pédopsychiatre ou un psychologue. Plus on attend, plus ce flou entourant la sexualité peut devenir source de problème pour eux.

⇾ Canaliser son agressivité

Si l'enfant se braque, s'il est souvent en opposition, aidez-le à exprimer son agressivité autrement. Pourquoi ne pas jouer à la bagarre avec lui ? C'est une bonne façon de dédramatiser la situation. Les jeux de société et, de manière générale, tous les jeux qui comportent des règles peuvent aussi lui permettre d'exprimer son désir de gagner, d'être le plus fort, tout en lui donnant un cadre à respecter. Il veut devenir le roi des échecs ou du Monopoly ? Rien de tel que de réfléchir, d'élaborer des stratégies pour apprendre à se calmer, à se maîtriser. Le sport remplit aussi la même fonction. Une sortie à la piscine, une balade à vélo en forêt, et, hop ! voilà les tensions nerveuses qui s'apaisent. De même, un combat de judo peut permettre à l'enfant de décharger son agressivité, tout en lui enseignant le respect de son adversaire. Toutes ces activités sont bien plus utiles pour apprendre le contrôle de soi que ces jeux vidéo où il faut taper sur des ennemis virtuels qui font appel à l'agressivité de l'enfant sans réussir vraiment à la calmer.

Essentiel, le rôle du père

Souvent, c'est la maman qui prend en charge les pipis au lit, change les draps, nettoie l'enfant… Et si l'on inversait les rôles ? Il est important que le père s'occupe aussi de tout cela. Ce n'est pas tant pour des raisons de partage des tâches, ni dans un souci d'efficacité (un père n'est pas plus efficace qu'une mère !), mais simplement parce que le changement de situation peut modifier la donne et lever bien des blocages chez l'enfant. Il ne faut pas, quand c'est possible, que l'énurésie soit l'affaire d'un seul parent. C'est le meilleur moyen pour qu'elle devienne source de conflit entre le parent, excédé de tous ces tracas, et l'enfant, énervé par les reproches. De plus, quand une maman se focalise trop sur ce problème, cela peut renforcer son lien avec son enfant au détriment de ses relations avec son mari. À force de voir sa mère passer du temps à le laver, à s'occuper de son linge, à force de la voir s'inquiéter pour lui, l'enfant peut avoir l'impression qu'elle le préfère à son père et se sentir coupable de cela. Mais si sa mère lui montre qu'elle a d'autres centres d'intérêt, si son père s'occupe davantage de lui, et s'il constate que ses parents se remettent à avoir une vie de couple, à préserver des moments d'intimité, tout rentrera peu à peu dans l'ordre.

Un enfant acteur et non spectateur

«Quand on veut, on peut!» Quel parent n'a jamais tenté de raisonner ainsi son enfant? Seulement ce n'est pas si simple. Souvent, les petits énurétiques ont l'impression de n'avoir aucun pouvoir sur eux-mêmes et se sentent très passifs face à ce symptôme qui les dépasse. Il faut donc tenter de les sortir de cette passivité. On peut, par exemple, demander à son enfant d'aider à changer ses draps, en les portant au panier de linge sale, à condition que ce ne soit pas vécu comme une punition. Ce peut être une façon – si on arrive à le faire dans la joie et la bonne humeur – de lui montrer qu'on ne lui en veut pas et que l'on a bien compris qu'il était désolé de causer du travail à ses parents. L'autre moyen de lui montrer qu'il peut agir, c'est de lui faire tenir un calendrier de ses fuites nocturnes. Chaque fois qu'il se réveille au sec, il dessine un soleil, et, quand ses draps sont mouillés, il trace un nuage. Une manière de l'aider à prendre du recul par rapport à sa situation et de lui faire voir qu'il peut obtenir des résultats. Cela lui donnera le sentiment d'avoir réussi quelque chose et cela l'aidera à se déculpabiliser. Et, qui sait, le fait d'avoir un rôle actif aura peut-être un effet sur sa volonté inconsciente!

Des objectifs clairs et précis

On peut parallèlement lui proposer des objectifs concrets à atteindre. Au lieu de lui dire de ne pas faire pipi au lit, pourquoi ne pas plutôt lui suggérer d'essayer de se lever la nuit? Au besoin, il peut se répéter le soir avant de dormir «Cette nuit, je vais me lever pour faire pipi». Une méthode d'autosuggestion qui a souvent de bons résultats avec les enfants sages, perfectionnistes. Pour l'entraîner à se déplacer dans le noir, rien de tel que le jeu de colin-maillard, où, les yeux bandés, l'on doit retrouver quelqu'un, quitte à donner la main à l'enfant, au début, s'il manque d'assurance! On peut aussi formuler d'autres objectifs en relation avec son mode de vie. Par exemple, s'il dort avec son chat, il faut l'inciter à ne pas faire pipi au lit pour ne pas le mouiller. C'est une manière de le responsabiliser et de l'aider à grandir. Même si cela ne marche pas à tous les coups, inutile de lui en faire grief. Il ne faut pas qu'il se sente coupable de ses échecs. Au contraire, mieux vaut le féliciter et le récompenser de ses efforts. Il a réussi à se réveiller deux nuits de suite? Cela vaut au moins un bravo, un bisou ou un petit cadeau. À chaque famille de décider!

L'essentiel

L'énurésie cache souvent un problème plus profond, et c'est ce problème qu'il faut découvrir et résoudre.

Les parents ont un rôle important à jouer pour aider leur enfant.

En s'assurant que l'enfant n'a pas trop bu le soir, en le réveillant pour faire pipi la nuit et en facilitant l'accès aux toilettes, on peut diminuer le nombre d'accidents.

Pour accepter de grandir, il faut que l'enfant comprenne qu'il ne perdra pas l'amour de ses parents, et que le statut de grand ne comporte pas que des contraintes, mais aussi des avantages.

Les petits énurétiques se sentent souvent impuissants face aux débordements de leur vessie. Aussi, ils sont contents lorsqu'ils peuvent montrer à leurs parents qu'ils sont prêts à les aider.

Chapitre 8
La puberté, le bout du tunnel

Plus l'enfant grandit, plus les fuites nocturnes se font rares. Puis arrive l'adolescence, avec ses bouleversements physiques et psychiques qui marquent une nouvelle étape dans la vie de l'enfant et entraînent la disparition de l'énurésie.

Une perception différente de soi

Quand l'enfant entre dans la puberté, c'est comme s'il devenait un autre. Du coup, son attention se porte sur ces changements. Il passe son temps à se regarder dans les glaces pour faire connaissance avec son nouveau visage, les filles guettent l'apparition de leurs seins, les garçons sont fascinés par leur pénis. Même la perception de leur corps change. Les uns ont l'impression de se sentir prisonniers d'une carapace, les autres se comparent à une chenille qui aimerait devenir papillon, d'autres encore aspirent à être libres comme des oiseaux. Si bien que l'énurésie, ce symptôme qui était localisé sur un organe lié à leur corps d'enfant, n'a plus aucune raison d'être.

Un remaniement psychique

Cette réorganisation corporelle entraîne une nouvelle donne sur le plan psychique et une transformation globale de la personnalité de l'enfant. Soumis à des bouleversements hormonaux, il ressent des émotions plus fortes qui se traduisent par des sautes d'humeur, des états d'excitation, un besoin de s'exprimer davantage. Et l'on voit des adolescents, qui étaient jusque-là des petits garçons inhibés, se mettre à avoir des idées sur tout, s'opposer à certaines règles, envoyer promener leurs parents, adopter un look plus visible. Maintenant qu'ils se lâchent le jour, ils n'ont plus besoin de se lâcher la nuit. En prenant ainsi position, ils acquièrent davantage d'autonomie et se détachent de leurs parents, ce qui favorise l'arrêt de l'énurésie. Plus question, une fois entrés au collège, de se comporter et d'être traités comme des bébés ! De quoi les motiver suffisamment pour ne plus faire pipi au lit. Pour certains, l'arrivée de l'adolescence marque une véritable libération, une période plus positive dans leur vie. D'autres, en revanche, continuent à avoir des angoisses, mais ils trouvent de nouveaux moyens de les exprimer. Si l'énurésie est un problème typique de l'enfance, l'adolescence a aussi les siens : une relation compliquée au corps et à la nourriture, des réactions violentes, une vulnérabilité face aux drogues... À chaque âge ses difficultés.

Une sexualité qui se développe

Avec l'adolescence, la sexualité s'affirme. Les garçons font désormais clairement la distinction entre le sperme et l'urine. Contrairement aux petits, ils savent que faire l'amour et faire pipi sont deux actes totalement différents et indépendants, et ils portent maintenant beaucoup plus d'intérêt au premier qu'au second ! Le fait d'avoir un pénis aussi grand que celui de leur père leur apporte une nouvelle assurance, une véritable joie de grandir. C'est comme s'ils se trouvaient au volant d'une nouvelle voiture, plus importante, plus belle. Au début, ils ont un peu peur de ne pas savoir la conduire, mais, en même temps, ils se sentent très fiers et prennent du plaisir à la maîtriser. Ainsi, peu à peu, l'adolescent découvre de nouvelles manières d'exprimer sa sensualité, de nouveaux possibles. Sa vie affective n'est plus centrée sur ses parents. Il commence à éprouver de l'attirance physique pour d'autres personnes. Le petit enfant dont la sexualité tournait beaucoup autour du pipi-caca est désormais bien loin !

Un symptôme qui peut laisser des traces

Même si l'énurésie disparaît, quand on grandit, il en demeure souvent des traces chez les adultes qui en ont souffert pendant leur enfance. En effet, l'énurésie n'est qu'une manière pour l'enfant de réagir à des difficultés, et ce n'est pas parce qu'il ne fait plus pipi au lit que le problème qui était à l'origine de ce comportement n'est pas resté enfoui quelque part en lui-même. Ainsi, même à l'âge adulte, il peut avoir conservé des traces d'un deuil, une jalousie à l'égard d'un frère ou d'une sœur... surtout si ce problème n'a jamais été pris en considération. De plus, la façon dont son entourage a réagi à son incontinence compte beaucoup. S'il a été soumis aux moqueries de ses proches, s'il s'est retrouvé honteux et seul à cause de ces pipis au lit, qui l'empêchaient d'aller en colonie ou de dormir chez des copains, il risque fort de conserver à l'âge adulte un manque d'estime de soi. Et quand on ne s'aime pas, quand on manque d'assurance, cela rend les relations avec les autres beaucoup plus difficiles. Souvent, d'ailleurs, les anciens énurétiques gardent un très mauvais souvenir de leur enfance, car ils ne la voient qu'à travers leur énurésie et rendent ce trouble responsable de toutes leurs difficultés. On peut d'ailleurs se demander si cette attention extrême portée à ce problème dans leur jeune âge ne leur a pas donné une vision fausse d'eux-mêmes. Ainsi, à force de s'entendre dire «Tu ne peux pas te retenir!», certains enfants sont persuadés qu'ils n'ont aucun contrôle sur eux-mêmes et compensent cette situation en devenant très ordonnés, très consciencieux. Si bien qu'ils deviennent des adultes qui se contrôlent beaucoup tout en étant convaincus qu'ils en sont incapables! La façon dont se déroule l'apprentissage de la propreté, pour un enfant, peut aussi avoir des répercussions sur sa vie d'adulte. Si on lui communique dès l'enfance le dégoût du pipi, du caca et de tout ce qui est lié à cette région-là du corps, il peut en éprouver par la suite du dégoût pour tout ce qui est de l'ordre du sexuel. Mais tous les petits énurétiques ne sont pas semblables, car ce sont des histoires différentes qui les conduisent à faire pipi au lit. Difficile, donc, de prédire ce qu'ils deviendront en grandissant. D'autant que l'énurésie est mieux acceptée aujourd'hui qu'elle ne l'était hier. Heureusement pour les enfants qui sont moins malmenés qu'autrefois et en paient moins les conséquences !

L'essentiel

- **L'entrée dans l'adolescence marque la fin de l'énurésie, car l'adolescent dit adieu à son corps d'enfant et découvre de nouvelles préoccupations. Impossible de continuer à faire pipi au lit comme un bébé !**

- **En cherchant à affirmer sa personnalité, l'adolescent se détache de ses parents et cherche à prendre le contrôle de son corps, ce qui l'aide à vaincre ses incontinences nocturnes.**

- **Si le petit enfant s'intéresse beaucoup au pipi et au caca, l'adolescent découvre d'autres façons d'exprimer sa sexualité.**

Plus on se moque d'un enfant qui fait pipi au lit, moins il aura confiance en lui plus tard. Cela peut même compliquer ses relations avec les autres. À l'inverse, plus les enfants sont soutenus moralement, plus on les aide à résoudre le problème qui est à l'origine de leur incontinence, et moins ils garderont de traces de cet épisode difficile de leur existence.

Chapitre 9
Et les cacas ?

Certains enfants n'arrivent pas à contrôler l'émission de leurs selles et font régulièrement dans leur culotte. On dit qu'ils sont encoprétiques. Un trouble assez rare, mais très difficile à vivre pour ceux qui en sont atteints, surtout quand ils deviennent grands et entrent dans l'adolescence.

L'encoprésie, un sujet tabou

Si l'incontinence urinaire est un problème fréquent chez les enfants et à peu près bien toléré par leur entourage, l'encoprésie est souvent beaucoup moins bien acceptée par les familles, comme s'il s'agissait d'une maladie honteuse, sans doute parce que le caca est associé souvent à l'idée de saleté. On est facilement dérouté, choqué par ces émissions de selles incontrôlées, dans une civilisation où on a tendance à ne pas vouloir voir les excréments, à les évacuer au plus vite dans les toilettes, à masquer leur odeur par des désodorisants, et où l'éducation à la propreté tient une place si importante. Un enfant qui ne réussit pas à contrôler ses matières fécales apparaît presque comme un enfant qu'on n'a pas réussi à éduquer. Il nous rappelle la part animale qui existe en chacun de nous et en cela nous dérange. Difficile, pour lui, d'avoir des relations sereines avec ses proches et ses petits camarades, de suivre une scolarité sans problème…

On ne peut parler vraiment d'encoprésie qu'à partir de 4 ans, lorsque la petite fille ou le petit garçon se mettent à déféquer de manière involontaire dans des lieux inappropriés sans que ce soit lié à des troubles intestinaux. Comme pour l'énurésie, l'encoprésie peut être primaire, si l'enfant n'a jamais réussi à contrôler l'émission de ses selles, ou secondaire, si cet épisode survient après une période de continence. Elle peut prendre deux formes principales. Dans certains cas, l'enfant se retient tellement d'aller à la selle que les matières fécales finissent par déborder alors qu'il ne s'y attend pas. Il se met alors à faire sur lui, sans pouvoir s'en empêcher. Dans d'autres cas, plus rares, l'émission de selles est plus active et survient à la suite d'une émotion forte, d'une crise d'angoisse, d'une dispute. L'enfant se replie alors sur lui-même et se met à déféquer, comme pour se soulager d'une tension intérieure. Ces comportements, qui interviennent à intervalles réguliers, nécessitent une prise en charge médicale et psychologique, car ils s'accompagnent de souffrances physiques et morales. Mais il existe aussi de petits accidents de parcours, plus exceptionnels, lorsque le bambin, pris par un jeu, se retient trop longtemps et a de petites pertes incontrôlées. Dans ce cas, inutile de dramatiser. Il faut simplement lui apprendre à prendre davantage soin de lui, et lui expliquer qu'il est plus agréable, pour lui comme pour les autres, d'être propre et bien soigné. Idem, lorsqu'il s'essuie mal. On doit lui réexpliquer discrètement comment faire, plutôt que de le traiter de malpropre devant toute la famille. La propreté est avant tout une exigence sociale, une affaire de respect de soi-même et d'autrui !

La constipation, un signal d'alerte

Souvent, c'est la constipation qui alerte les familles dans un premier temps. L'émission involontaire de selles ne survient en général qu'au bout de plusieurs jours, pendant lesquels l'enfant constipé à force de se retenir peut se plaindre de maux de ventre. Les parents vont alors consulter le médecin ou chercher à régler eux-mêmes la situation, en administrant à leur enfant des traitements à base de suppositoires, de vaseline ou de lavements. Attention, toutefois, à ne pas amplifier le problème, car, s'il est légitime de ne pas laisser souffrir l'enfant, il ne faut pas qu'il en vienne à ne plus pouvoir se retenir à force de prendre des traitements qui facilitent l'expulsion des matières fécales ! Inutile, donc, de se précipiter sur les médicaments, mieux vaut attendre un peu et commencer par lui donner une alimentation riche en fibres pour faciliter son transit intestinal : des fruits, des légumes, du pain complet… Et si la constipation persiste, il faut préférer des traitements qui se prennent par voie orale plutôt que par voie anale, pour éviter que le garçon ou la fille ne fasse une fixation sur cette région de son corps !

Quels enfants ?

L'encoprésie peut être associée à des troubles graves de la personnalité. Son traitement prend alors place dans la prise en charge globale de ces troubles. Parfois, dans moins d'un cas sur deux, les jeunes encoprétiques sont aussi énurétiques. L'encoprésie peut simplement concerner de façon passagère des enfants qui doivent faire face à des changements, des difficultés nouvelles. Comme, par exemple, ce petit qui s'est mis à faire caca dans sa culotte à l'entrée en maternelle, ou ce préadolescent devenu encoprétique parce qu'il sentait des pulsions agressives monter en lui, et qui avait peur de faire mal aux autres, ou, encore, cet enfant de 9 ans qui souffrait d'une angoisse de mort. De tels problèmes ne sont pas insolubles, et il est inutile, quand cela arrive, de se décourager. Il faut, plutôt, essayer de comprendre d'où vient le trouble pour y apporter les réponses qui apaiseront l'enfant et régleront ses difficultés.

Des causes variées

⇨ Très rares, les causes médicales

À part des cas très rares de malformations du côlon, de l'anus, ou de fissures anales qui peuvent entraîner des douleurs et inciter un petit à retenir ses selles pour ne pas avoir mal, l'encoprésie est souvent d'origine psychologique. Toutefois, le médecin peut faire un toucher rectal ou prescrire une radio de l'abdomen et un lavement baryté, afin de constater s'il y a accumulation de matières dures qui pourraient créer une occlusion intestinale, ou de voir s'il y a une dilatation du côlon due à une stagnation des selles (en langage médical, un mégacôlon fonctionnel). Plus le côlon est dilaté, plus l'enfant a du mal à contrôler ses selles, car il a la sensation que celui-ci est toujours plein et ne discerne plus à quel moment il doit aller aux toilettes. Pour retrouver la maîtrise de ses sphincters, il a alors besoin d'une rééducation (*voir plus bas,* Ne pas hésiter à consulter).

➾ La phobie des toilettes

Certains enfants ont peur d'aller sur les toilettes et se retiennent le plus possible pour retarder le moment de s'y rendre. Les uns ont peur de la chasse d'eau et craignent d'être aspirés dans la cuvette des W.-C., tandis que d'autres redoutent de perdre une partie d'eux-mêmes en y déposant leurs selles, comme s'il s'agissait de substances vitales. Enfin, d'autres ont peur de se retrouver seuls dans les toilettes, et détestent garder la porte fermée. C'est leur façon à eux d'exprimer leur angoisse de séparation : à défaut de pouvoir retenir la personne qu'ils aiment, ces enfants-là retiennent tout ce qu'ils peuvent, même leurs selles. Pour aider les enfants à ne plus avoir peur, il ne faut pas hésiter à les accompagner au petit coin, à leur expliquer comment fonctionnent les W.-C. et ce que va devenir leur caca. Avec des petits, cela peut suffire dans certains cas à leur faire retrouver de l'assurance.

⇾ Une réaction à un événement

Parfois, une expérience malheureuse est à l'origine de l'encoprésie. Il suffit qu'un bambin se soit fait gronder et humilier un jour, à la suite d'un dérangement intestinal, pour qu'il retienne ensuite ses selles dans la peur de voir cet événement recommencer. Tout comme, on l'a déjà vu pour l'énurésie, des modifications importantes dans sa vie peuvent aussi entraîner ce type de réaction: la perte d'un être cher, la séparation de ses parents, l'entrée dans l'adolescence... Dans ce cas, l'encoprésie est plus active et traduit un désir de régression. L'enfant souhaite redevenir petit pour retrouver la place qu'il occupait aux yeux de ses parents et se sécuriser. Il cherche à lutter contre l'anxiété en adoptant un mode d'expression qui lui était familier dans sa prime enfance. Parfois, il s'agit d'un comportement passager qui disparaît de lui-même, mais, si l'épisode se prolonge, il ne faut pas hésiter à consulter un médecin, qui orientera la famille vers un pédopsychiatre ou un psychologue pour enfants. Dans certains cas, il suffit de quelques séances pour trouver l'origine du trouble et faire disparaître le problème.

⇾ Le symptôme d'une dépression

Il arrive que l'encoprésie soit liée à une dépression de l'enfant, soit parce que ses parents sont eux-mêmes dépressifs, soit parce qu'il manque d'affection en raison d'une histoire familiale compliquée, soit parce qu'il a des difficultés propres qu'il n'arrive pas à surmonter. L'enfant se montre alors très anxieux, très replié sur lui-même. Le meilleur moyen de l'aider, c'est de ne pas se focaliser sur son encoprésie, mais au contraire de le considérer dans sa globalité et de prendre en charge sa dépression.

⇾ Une éducation trop rigide

En apprenant à faire ses besoins dans le pot, l'enfant prend davantage conscience de ses selles. Au plaisir physiologique qu'il éprouvait tout bébé, lorsqu'il les sentait passer dans son côlon et sortir de son corps, s'ajoute un nouveau plaisir : celui de contrôler leur expulsion. Pour lui qui est encore petit et ne sait faire ni dessins ni pâtés de sable, ses cacas sont en quelque sorte ses premières créations. De plus, il s'aperçoit vite que ces matières qui sortent de lui ne laissent pas ses parents indifférents. Soit ils semblent contents de le voir faire dans le pot, et il est sûr de leur faire plaisir en leur donnant ce qu'ils demandent, soit ils ont du mal à cacher leur dégoût, ce qui est beaucoup plus troublant pour lui, car comment comprendre qu'ils accordent tant d'intérêt à cette chose qu'ils n'aiment pas? Le caca est-il une partie bonne ou mauvaise de lui-même? Doit-il le donner à ses parents ou le retenir en lui? De cette ambivalence peuvent naître de réelles difficultés pour l'enfant, surtout si ses parents insistent pour qu'il reste sur le pot tant qu'il n'a pas fait ses besoins, et s'il se fait gronder parce qu'il n'a pas répondu à leurs attentes. Très vite il va comprendre le pouvoir qu'il a sur ses selles et par là même sur ses proches. Il suffit qu'il soit en pleine crise d'opposition et que son entourage se braque sur ce problème, pour qu'il ait ensuite du mal à s'en sortir.

⇨ Une attitude ambiguë

Souvent, le dégoût que les parents ou la nourrice de l'enfant manifestent pour ses couches souillées et ses matières fécales cache une véritable fascination pour la saleté. En effet, la plupart du temps, ces adultes ont reçu eux-mêmes une éducation à la propreté très rigoureuse. Petits, on les a forcés à rester sur le pot, on les a empêchés de toucher leurs excréments, menacés des pires calamités au cas où ils se masturberaient. Forcément, ils ont gardé en eux le désir de transgresser ces règles qu'on leur a imposées avec vigueur. La présence d'un nourrisson chez eux leur offre la possibilité de se confronter à ce qu'ils considèrent comme sale, de manière autorisée. Leur obsession pour la saleté trouve là un objet à travers lequel elle peut s'exprimer. D'où leur acharnement à rendre propre l'enfant, à le nettoyer, le parfumer, lui passer des pommades, du lait sur le corps... Jusqu'à ce qu'il se salisse de nouveau et que tout soit à recommencer. Le petit enfant perçoit très bien cette ambivalence, ce désir inconscient. Lui qui n'a pas ou presque pas le pouvoir de parler est sensible au moindre regard, à la moindre attitude de ceux qui s'occupent de lui. Mais cela le place dans une position difficile : doit-il répondre à ce désir inconscient en continuant à se salir, ou bien répondre à la volonté de propreté exprimée ? Tout cela contribue à faire de ses selles une préoccupation de haute importance dont il a du mal à se défaire.

Sortir de la spirale infernale

Pour aider l'enfant à se tirer d'affaire, le mieux est de s'efforcer de ne plus se fixer sur ce problème tout le temps. En effet, si l'on ne pense qu'à son encoprésie, il va finir par ne plus s'exprimer que par ce symptôme. Il ne faudrait pas qu'on ne voie en lui que le petit encoprétique et non plus le petit Pierre ou la petite Camille avec son caractère, ses qualités, ses défauts. Le danger serait alors que son symptôme prenne le pas sur son identité et que lui-même ait du mal à se définir autrement. D'autant que l'enfant atteint d'encoprésie en conçoit souvent une grande honte. Il a tendance à se trouver nul, mauvais. Aussi, le meilleur moyen de l'aider, c'est d'abord de s'intéresser à ses performances et à ce qu'il aime, à ce qu'il fait. Il adore les animaux, les collections d'images? Parlez-en ensemble, félicitez-le pour la manière dont il s'en occupe. Cela l'aidera à prendre confiance en lui et il sera rassuré sur l'amour que lui portent ses parents. Il ne faut pas perdre de vue qu'un enfant encoprétique ne fait pas caca dans sa culotte pour embêter les adultes, ou, littéralement, pour les «emmerder», mais bien parce qu'il n'arrive pas à faire autrement. D'ailleurs, si l'un des parents est profondément dégoûté par les cacas de son enfant, mieux vaut que ce soit l'autre qui gère la situation plutôt que d'accabler l'enfant de reproches ou de l'humilier parce que l'on ne supporte pas son encoprésie. Et si ce dernier s'entend bien avec une autre personne de la famille (grand-mère, tante...), il ne faut pas hésiter à lui demander de prendre le relais. Cela peut aider à décoincer la situation et permettre aux parents de souffler!

Ne pas hésiter à consulter

Si un pédiatre est à même de juger de la gravité de la situation, notamment en ce qui concerne le risque d'occlusion intestinale, il est intéressant de consulter aussi un pédopsychiatre, car l'encoprésie a non seulement des causes psychologiques, mais aussi des répercussions sur l'ensemble de la personnalité de l'enfant. D'ailleurs, les deux traitements peuvent aller de pair, le pédiatre diminuant les doses de médicaments laxatifs au fur et à mesure que la psychothérapie porte ses fruits. Suivant les cas, celle-ci est soit individuelle, soit familiale, et souvent d'inspiration psychanalytique, accompagnée d'une rééducation. Cette dernière peut se faire chez un kinésithérapeute, qui va aider l'enfant par des exercices à retrouver la maîtrise de ses sphincters, ou encore à la maison. On peut par exemple l'inciter à aller aux toilettes à heures fixes. Et si les W.-C. traditionnels l'effraient, on peut lui proposer de faire dans un pot, le temps qu'il prenne de l'assurance. Il est intéressant aussi, s'il est grand, de lui demander de se prendre en charge lui-même, en se lavant et se changeant tout seul quand il a un accident. C'est une manière de faire en sorte que ce problème ne prenne pas trop de place dans les relations familiales et de diminuer les sources de tensions. On peut aussi opter pour un séjour, en internat, dans un centre spécialisé où il suivra une rééducation associée à une psychothérapie. Une bonne solution pour régler les conflits!

Et après?

L'encoprésie a souvent plus de répercussions sur l'ensemble de la personnalité que l'énurésie, car c'est un trouble qui met davantage en jeu la maîtrise de soi et la relation familiale. Les enfants qui ont des difficultés avec le contrôle de leurs selles ont tendance soit à tout vouloir contrôler de manière excessive, soit à ne rien pouvoir contrôler du tout. C'est pourquoi l'encoprésie peut favoriser des caractères rigides, entêtés, obsessionnels, méticuleux ou, au contraire, désordonnés, négligents. Mais, attention, cela ne veut pas dire que tous les encoprétiques deviendront ainsi, ni que toutes les personnes qui ont ce genre de caractère ont eu dans leur enfance des problèmes de ce type!

L'essentiel

- L'encoprésie touche les enfants de plus de 4 ans et se traduit par des émissions incontrôlées de selles, soit parce que le rectum est plein et déborde, soit parce que l'enfant a recours à ce moyen pour se soulager d'une tension intérieure.

- Paradoxalement, ce trouble se manifeste souvent par une constipation. Mais attention à ne pas utiliser trop de laxatifs, car ils risquent d'empêcher l'enfant de maîtriser ses selles.

- Différentes causes peuvent être à l'origine d'une encoprésie. Parmi elles, l'apprentissage du pot joue un rôle très important. Si les parents forcent l'enfant à faire dans le pot et s'ils manifestent pour ses cacas un intérêt très marqué mêlé à du dégoût, le tout-petit risque d'être très perturbé par cette attitude ambivalente.

- Une psychothérapie associée à un traitement médical léger et à une rééducation peut aider le jeune encoprétique à s'en sortir.

Conclusion

Et si on dédramatisait ?

L'énurésie et l'encoprésie ne sont pas des problèmes anodins, surtout lorsqu'ils s'installent de manière durable chez l'enfant. Mais le meilleur moyen de les combattre est de ne pas trop se fixer dessus. Il faut donner une chance à l'enfant de mener une vie épanouie, de développer des centres d'intérêt, des compétences, à travers le jeu, le sport, le dessin, la musique ou tout simplement l'école. S'il peut partager ces activités avec ses parents, c'est encore mieux. Au moins, les relations familiales ne tourneront pas seulement autour de ses échecs à maîtriser son corps, mais, aussi, autour de ses réussites. Bien sûr, il a besoin d'un soutien familial actif pour l'aider à résoudre ses problèmes. Cette aide nécessite d'abord de la compréhension. Compréhension de ce qui est à l'origine de son trouble, compréhension de la manière dont il le vit. À cela peut s'ajouter la recherche de solutions pratiques pour l'aider à mieux contrôler ses sphincters et à ne pas trop souffrir de son handicap, en lui évitant au maximum les moqueries de ses petits camarades ou de ses frères et sœurs. Il faut aussi essayer le plus possible de répondre à ses questions en discutant avec lui ou en s'appuyant sur des livres (*voir* Bibliographie). Enfin, il existe une arme redoutable pour combattre les angoisses qui peuvent l'agiter : l'humour (à ne pas confondre avec la moquerie qui peut être humiliante). Rien de tel pour réussir à prendre du recul sur soi ! Cet humour, on le trouve là aussi dans des livres (sur l'éducation sexuelle, l'apprentissage du pot...), dans des chansons (*Faire pipi sur l'gazon...*), ou même parfois dans l'art ! Et si vous lui parliez de cette statue qui fait la fierté des Bruxellois, le *Manneken-Pis*, qui représente un petit garçon qui fait pipi ? On raconte que ce petit garçon aurait éteint un début d'incendie en urinant dessus. Comme quoi, avec un petit pipi, on peut faire de grandes choses ! La morale de l'histoire ? On a tous un petit *Manneken-Pis* en nous, un petit enfant, qui, un jour, deviendra grand.

Bibliographie

Des livres pour les enfants

Pour répondre aux questions des enfants, rien de tel que des livres qui permettent de formuler ce que parfois l'on a du mal à dire, et qui aident les lecteurs à prendre de la distance par rapport à ce qu'ils ressentent. De plus, les livres permettent de briser les interdits. Appréciable dans une société où tout ce qui touche au corps est souvent tabou !

⇨ Apprentissage du pot

Petit Ours Brun et le pot, de Danièle Bour (Bayard jeunesse).
Petit Ours Brun est un héros qui ressemble aux tout-petits. Et quand il apprend à aller sur le pot, ils se reconnaissent un peu en lui. Dès 1 an.

Je veux mon p'tit pot, de Tony Ross (Seuil jeunesse).
Avec son regard noir, son énergie redoutable, la petite princesse refuse d'aller sur le pot, mais, un jour, elle finit par changer d'avis. Désopilant. Dès 18 mois.

➾ Tout savoir sur les cacas

De la petite taupe qui voulait savoir qui lui avait fait sur la tête, de Werner Holwarth et Wolf Erlbruch (Milan).
En sortant de chez elle, la petite taupe reçoit un caca sur la tête. Elle mène alors l'enquête pour savoir qui est l'auteur du méfait. Un classique des crèches. Dès 2 ans.

À chacun sa crotte, de Taro Gomi (Télédition).
Tous les animaux qui mangent font caca, et l'homme n'échappe pas à la règle. Un livre pour comprendre les lois de la nature, disponible surtout dans les bibliothèques. Dès 2 ans.

➾ Éducation sexuelle

Graine de bébé, de Thierry Lenain et Serge Bloch (Nathan).
Par où passe la petite graine ? Par où passent les bébés ? Deux livres en un qui répondent de manière simple, directe et drôle à ces questions essentielles. Dès 4 ans.

Comment on fait les bébés !, de Babette Cole (Seuil jeunesse).
Les parents inventent de drôles d'histoires pour expliquer aux enfants comment on fait les bébés. Mais les petits ont plein d'idées sur la question. Un livre impertinent. Dès 4 ans.

Le Guide du zizi sexuel, de Zep et Hélène Bruller (Glénat).
C'est quoi l'amour ? Comment se passe la puberté chez les filles et les garçons ? Un livre qui répond aux questions des préados et où l'on retrouve Titeuf, le héros des jeunes. Dès 9 ans.

Réveillez-vous les mecs !, de Pierre Lecarme (De La Martinière jeunesse).
Être un garçon, ce n'est pas si simple. Il y a ce que l'on est vraiment et ce que l'on veut paraître. Un livre pour aider les ados à réfléchir sur l'identité masculine. Dès 11 ans.

160 questions strictement réservées aux ados, d'Anne-Marie Thomazeau et Odile Amblard (De La Martinière jeunesse).
Un livre qui parle de tout ce qui préoccupe les ados : l'amour, l'amitié, les transformations du corps, mais aussi les relations avec les autres, la drogue... Plus facile à ouvrir devant ses parents que les livres qui ne traitent que de sexualité. Dès 13 ans.

⇨ Pipi au lit

Pipi au lit, de Catherine Dolto et Joëlle Boucher (Gallimard jeunesse).
Pas drôle de se réveiller mouillé le matin ! Mais pourquoi

fait-on pipi au lit ? Et comment s'en sortir. Un livre riche d'explications et bien adapté aux petits. Dès 4 ans.

Tu seras la risée du monde, de Jean-Paul Nozière (De La Martinière jeunesse).
Un récit autobiographique qui raconte l'histoire d'un enfant qui fait pipi au lit. Il y dit sa honte, ses interrogations sur la sexualité. Un livre pour les adolescents ou les parents qui veulent comprendre l'énurésie.

➾ Comptines et chansons

Comptines coquines, de Philippe Dumas (École des loisirs).
Le répertoire enfantin est plein de comptines coquines où il est question de pets, de caca, de pipi, de zizi… Un livre illustré, drôle pour les uns, choquant pour les autres. Dès 4 ans.

Des livres pour les adultes

La Propreté, d'Emmanuelle Rigon (éditions Bayard).
Lorsque l'enfant paraît, de Françoise Dolto (Le Seuil).

Remerciements

À mes parents, tendrement.

À mon frère Jean-Luc, évidemment.

À Françoise Estenasié, bien amicalement.

Table

Autres ouvrages des auteurs

Du Dr Stéphane Clerget

Adolescents, la crise nécessaire, Marabout, 2005

Élever un garçon aujourd'hui – En faire un homme, pas un macho
en collaboration avec Pascale Leroy, Albin Michel, 2004

Séparons-nous... mais protégeons nos enfants, Albin Michel, 2004

Nos enfants ont aussi un sexe, Pocket, 2003

Enfants accros à la télé, Marabout, 2002

Ne sois pas triste mon enfant – Comprendre et soigner la dépression des petits, Robert Laffont, 1999

de Carine Mayo

Il a du mal à apprendre à lire – Comment l'aider, en collaboration avec Gérard Chauveau, Albin Michel, 2003

Devenir bon en maths, « Les essentiels Milan », Milan, 2003

Dans la même collection

Claude Allard et Cécile Dollé
Qu'est-ce qu'il y a à la télé ? – Aider nos enfants dans leur choix

Claudine Badey-Rodriguez et Rietje Vonk
Quand le caractère devient difficile avec l'âge – Aider nos parents sans se laisser dévorer

Dr Patrick Blachère et Sophie Rouchon
Petites infidélités dans le couple – Ça passe ou ça casse ?

Stéphane Bourcet et Isabelle Gravillon
Mon enfant a été agressé – Dans la rue, à l'école, à la maison...

Christine Brunet et Nadia Benlakhel
C'est pas bientôt fini, ce caprice ? – Les calmer sans s'énerver

Dr Dominique-Adèle Cassuto et Sophie Guillou
Ma fille se trouve trop ronde – Que dire, que faire ?

Gérard Chauveau et Carine Mayo
Il a du mal à apprendre à lire – Comment l'aider ?

Dr Stéphane Clerget et Pascale Leroy
Élever un garçon aujourd'hui – En faire un homme, pas un macho !

Béatrice Copper-Royer et Guillemette de La Borie
Non, tu n'es pas encore ado ! – Les 8-12 ans sont toujours des enfants

Jocelyne Dahan et Anne Lamy
Un seul parent à la maison – Assurer au jour le jour

Dr Patrice Huerre et Laurence Delpierre
Arrête de me parler sur ce ton ! – Comment réagir ?

Ginette Lespine et Sophie Guillou
Surmonter le chômage en famille – Comment rebondir ?

Xavier Pommereau et Laurence Delpierre
En ce moment, mon ado m'inquiète – À tort ou à raison ?

Gérard Poussin et Anne Lamy
Réussir la garde alternée – Profiter des atouts, éviter les pièges

Nicole Prieur et Isabelle Gravillon
Arrêtez de vous disputer ! – Faut-il se mêler des conflits des enfants ?

Emmanuelle Rigon et Marie Auffret-Pericone
Je rassure mon bébé – L'apaiser et l'encourager, de 0 à 2 ans

Myriam Szejer et Marie Auffret-Pericone
L'entrée à la maternelle – Une grande aventure pour l'enfant

Dr Marie-Claude Vallejo et Mireille Fronty
D'abord, t'es pas ma mère – Quelle place pour une belle-mère ?

Gilles-Marie Vallet et Anne Lanchon
Moi, j'aime pas trop l'école – Le comprendre, l'aider

Conception graphique et réalisation : Louise Daniel.
Impression : Bussière en janvier 2006.
Éditions Albin Michel, 22, rue Huyghens, 75014 Paris.
www.albin-michel.fr
ISBN : 2-226-16876-1
N° d'édition : 23922. – N° d'impression : 060014/1.
Dépôt légal : janvier 2006.
Imprimé en France.